思想觀念的帶動者

文化現象的觀察者

本土經驗的整理者

生命故事的關懷者

心靈工坊 PsyGarden

Holistic

探索身體，追求智性，呼喊靈性
攀向更高遠的意義與價值
是幸福，是恩典，更是內在心靈的基本需求
企求穿越回歸眞我的旅程

正念父母心，享受每天的幸福

Everyday Blessings:

the inner work of mindful parenting

麥菈 & 喬・卡巴金——著
Myla and Jon Kabat-Zinn
雷叔雪——譯

【中文版序】

身處當下，每一刻都是契機

很高興你能讀到《正念父母心》。無論我們居住何處，具有何種文化背景，養育子女都是無上的滿足，同時也具有相當的壓力和難度，而我們卻從未料到它有多麼美妙、多麼困難。我們很容易錯過爲人父母最滿足、最溫暖的時刻，因爲我們易於分心，而且經常捲入思考、期望和種種日常義務；同時，我們也很容易在親子的困難互動中感受壓力，過度反應。無論是哪一種情況，我們都會錯失許多深入看清楚自己和平衡心智、心靈的機會。其實，如果我們能在教養子女和自我成長當中，都練習活在當下，那麼，我們和孩子共處的每一刻都可能是這樣的契機。我們一旦承擔了這樣的修行，孩子會更堅強壯大，我們也會。

我（喬）在中國學到，中文字「念」的表意是「今」——指當下或臨在——在上、「心」在下（我們覺得這非常美麗、有智慧），我也學到「怒」是「奴」在上、「心」

在下，其中也有很大的智慧和洞察力。因此，正念的修行是對情緒「鋪上歡迎光臨的踏腳墊」，甚至包括憤怒的情緒在內，而且將情緒保有在覺知當中，不要成爲它的奴隸。僅僅運用這種修行，就可以轉化生命，不但能成爲更好的父母，也能成爲更睿智、更健康、更自由的人。

帶著正念做父母是一個過程，在過程中，我們可以更享受爲人父母的角色，也許在處理困境時，情緒會更平衡，更富於平等心，更有智慧。我們必須指出，其實並沒有「正念的父母」這回事，正如並沒有「完美的父母」或「完美的孩子」一樣。因此，我們不該對自己或孩子抱著理想化的期望。正念是過程，而不是終點。正因爲是過程，所以是我們學習和成長、療癒和轉化的終身探險，現今的科學研究已充分顯示正念對健康和大腦的影響。

正念就是覺知，可透過禪修和日常正念修行來培養。當然，在古往今來的禪師和當代老師的教導下，禪在中國文化中已有一千五百年的歷史。在你的國家，禪很古老，但在我們的國家，禪正年輕。人們的興趣主要在於，科學研究證明它促進身心健康的價值，而且對大腦活動和結構有顯著而重要的影響。無論在何處修行，只要願意把禪融入生命，它始終有同樣的力量。

書中精確將正念定義爲「一種覺知，從刻意、當下、不加評斷的專注中生起」。說來容易，落實在生活中卻大不易。但只要你有意願，正念是可能的，凡有可愛動人孩子的父母，都會有足夠的意願。如書中所說，當我們尊重、愛顧並教導孩子，孩子便有如常駐禪師，教導我們成長所需學習的一切。

在這個節奏快速的世界裡，傳統習俗越來越快讓位給新的看待事物和生命存在的方式，孩子未來將居住在怎樣的世界裡，我們不會知道，他們也不會知道。我們甚至不知道他們最需要什麼，才能在這樣的世界中成功，因爲這世界還沒有出現。然而，我們可以努力了解他們，並給予同理心和慈心，竭盡所能給他們愛、支持和指導；有時候，我們也需要堅定地設下限制。

生活在習俗迅速變遷的時代，我們不能執著於傳統的教養模式，孩子也許不能夠明白這種模式，而且會覺得相當受限。我們必須持續成長；滋養孩子的同時，也要不斷滋養自己——如此一來，當孩子長大成人，我們也會受益於爲人父母持續學習和成長的機會。這是本書一開始德國偉大的詩人里爾克（Rainer Maria Rilke）所言。我們努力幫助孩子認識到自己的整體性、自己的機會和自己的責任，也要讓孩子能夠視我們爲一**整體**。

願你一天天所培養的爲人父母正念心，爲你、爲孩子、爲整個家庭，都提供豐盛滿足的滋養。

喬和麥茲·卡巴金

寫於美國麻薩諸塞州萊克星頓，二〇一三年四月十四日

【推薦序】

教養不是唯一的模式

彭榮邦（美國杜肯大學臨床心理學博士）

市面上有不少親子書，也有不少討論修行的書，但是把「親子」和「修行」這兩者結合起來的，卻是少之又少。因此，這本討論如何在親子關係中修行的書，是罕見而珍貴的，更何況，它談的還是幸福，爲人父母的幸福。

首先，我們會注意到一件事情：這本書的作者是卡巴金夫婦，因此是兩位作者，而且身爲媽媽的麥菈・卡巴金是第一作者，而知名的禪修指導師喬・卡巴金則退居爲第二線，成爲共同作者。或許這樣的安排是喬・卡巴金的謙遜，但是如果仔細想想這本書的主題，讓「媽媽」爲主，讓「禪修指導師」爲輔，其實正呼應著這本書的主題，怎麼利用正念（修正心念）的鍛鍊，來幫助自己做好父母的角色。其次，卡巴金夫婦用「每天的幸福」（Everyday Blessings）來做爲這本書的主標題，也是很耐人尋味的。**為人父母可以每天都感受到很多的幸福嗎？**卡巴金夫婦所說的「幸福」到底指的是什麼呢？

喬・卡巴金在序言裡用一件生活裡的小事，動人地描述了這樣的幸福。他們家的大兒子在大一那年的感恩節回家，卻沒有辦法和家人一起共進晚餐。他接到電話時很失望，甚至是不愉快的。但是那天，卻也因爲沒有對兒子發脾氣，接納了他從學校帶回家的活潑生氣，所以和太太在兒子的擁抱裡，享受到久別重逢的喜悅，也重溫了彼此生命的豐富連結。麥菈也在她寫的序裡提到，在和孩子的困難相處時刻裡，只要她能夠對「孩子的痛苦懷著同理心和慈悲心」，只要她能夠「完全接納孩子表現、試探、實驗的那些叛逆、惱人、氣人的行爲」，她就能夠在無條件的愛裡頭感受到一種療癒力量，既滋養孩子，也療癒自己。從他們夫婦的話語裡我們可以發現，他們所謂的「幸福」，指的是**一種不被自己先入為主的想法和情緒主導，即使是在困難的時刻，也可以和子女在此時此刻和諧相處的生命狀態。**

這樣的「幸福」，我們在還沒眞正爲人父母之前，都曾經夢想過。問題是，一旦成爲人父、成爲人母，多數的人就會發現，自己離幸福越來越遙遠，甚至忘記了自己曾經一度夢想過這樣的「幸福」。無法感受到爲人父母的幸福，最大的關鍵，在於我們怎麼看待「爲人父母」（parenting）這件事情。在台灣，多數人都把「爲人父母」和「教養子女」劃上等號，我們從市面上多數談親子關係的書都用「教養」爲主題，就可見一斑。但是「教養」是一種「父母對子女」的單向關係，是一種以「責任」來看待親子關係的模式。凡是涉及「責任」的，都是壓力，都是辛苦，而養兒育女這麼大的責任，更是一件壓力極大、極爲辛苦的差事。長期用承擔責任的方式來和子女相處，怎麼可能不耗損？怎麼可能不累？況且，以「教養」這個「責任」模式來養兒育女，回報都不是此時此刻，而總是在不可見的未來（因爲要等他／她懂事，等他／她學會彈鋼琴，等他／她考上大學，等他／她找到工作……），**這麼多的等待，我們怎麼可能離幸福不遙遠？**

卡巴金夫婦在這本書中，提出了另外一種「爲人父母」的模式——「用心」作父母（mindful parenting）。當然，他們所謂的「用心」，不是一般意義的「用心」。許多的父母，都會覺得自己很「用心」（我省吃儉用讓孩子進雙語幼稚園，進最好的私校，讓孩子學琴學畫學各種才藝，怎麼會不用心？），但是他們沒有發現的是，自己的「用心」（或許是擔心孩子學得不夠多、沒有競爭力，或許是在孩子身上投射自己沒有完成的夢想等等），可能反倒讓我們看不到眼前的孩子眞正的狀態，錯失了和他們深刻交流的機會。卡巴金夫婦所說的「用心」，是**一種「內在的功課」**（inner work），是**一種隨時覺察自己的心念，讓心念保持開放的正念鍛鍊**（mindfulness practice）。唯有這樣的「用心」，我們才能眞正「專心」在眼前的孩子身上，和他／她的內在狀態（而不只是外在的行爲表現）相遇。更值得注意的是，麥菈告訴我們，這種對孩子的「用心」並不耗損，它對於親子雙方都是有療癒力量的，不僅滋養孩子，也療癒自己。

為人父母，「教養」不是唯一的模式，還要「用心」。這本書，是卡巴金夫婦給我們的祝福，也是讓我們可以重新找到「爲人父母的幸福」的重要指引。

一旦認識到，再親近的人之間，也一直存在著無窮的距離，如能愛上兩人之間的距離，讓彼此都能在海闊天空之下看清完整的對方，那麼，並肩而行的美好生活就會滋長出來了。

——里爾克，《書信》（*Letters*）

【作者序二】

因為正念，我看得更全面、更深入

喬・卡巴金

老大大一那年的感恩節，搭朋友的便車回來，凌晨一點半才返抵家門。他先前打過電話，說沒法如我們期望地共進晚餐，全家都很失望，有好一會兒我內心還隱隱不悅。夜裡，像原先說好的那樣，大門不上鎖，好讓他一到家就可以把我們喚醒。但無需他呼喚，我們聽到他進門的聲響，伴他入門的是一股年輕、充滿生命力的能量。他上樓來，我們輕聲叫住他，免得吵醒兩個妹妹。他走進我們熄了燈的臥房，我們擁抱了一下，我睡的這側比麥茳靠近他，他便就近躺在我的胸上，方向有點錯亂，他張開手臂擁抱我倆，我覺得他更像用生命來擁抱我們。他眞高興回到了家，他躺在這裡，側掛在我身上，好像是世界上最自然的事，原來因爲他晚回家的那一絲悶悶不樂，還有沒能趕上晚餐的失望，立刻雲消霧散了。

我感到他散發出來的快樂，他的能量是喜悅、滿足、平靜、嬉戲的。我的內心充滿了喜悅，還有一串他在我生命中的影像，也都展現在這豐盛的時刻。這十九歲的大個子，橫躺在我身上，在他掙脫我的懷抱奔向世界以前，我都盡量把他抱在懷裡，現在有了扎扎的鬍子和結實的肌肉，這就是我的兒子！無需多言，我是他爸爸，麥菈是他媽媽。我們三人躺在這裡，將各自的快樂聚集在一起，沐浴其中，眞是幸福！

不久，他離開我們房間去看電影，因爲精力太充沛，一時沒有睡意。我們想再次入睡，卻疲憊又恍惚地翻來覆去好幾個鐘頭。我也想過到他房中和他多相處一會兒，但終究沒有起身。我們後來小睡了一會兒。我早在他起床前就出外上班，知道回家後就會看到他。

* * *

這樣的時刻，就是做父母的幸福和喜悅的時刻，只要沒有被破壞（我先前的不悅原可輕易破壞它），或者不加注意就讓它倏忽而過（許多時刻都是這樣的過去了）。這樣的時刻很特別嗎？是只有第一次從大學回家、孩子出生、孩子說出第一句話，或踏出第一步，我們才會體會到這樣深刻的連結和幸福嗎？還是，這樣的時刻其實比我們以爲的多？如果我們與子女和此時此刻都能和諧相處，即使是在較爲困難時依然如此，那麼，這樣的時刻不是只會多不會少，而且任何時刻都能成爲這種時刻嗎？

但我們太容易讓這樣的時刻溜走，沒能注意或欣賞，除非懷著覺知（awareness）去觀看或捕捉。我必須不斷努力，因為心太輕易就讓其他事物蒙蔽了某一時刻的充實豐沛。

在我看來，所有的父母都走在艱鉅的旅途上，這是一種奧德賽式的探索，無論我們知不知道，喜不喜歡。這趟旅程千迴百轉，起起落落，不外乎就是體驗生命的本質！我們的心智和心靈如何看待並琢磨所有的經驗，都會使旅程的品質和意義大為不同，都會影響一路上我們往哪裡去、發生什麼事、學到什麼、感受到什麼。

全心投入這趟冒險，需要特殊的決心，並置身當下。置身當下是一種強韌的專注，卻仍然溫柔、接納。這個旅程教我們專注，使我們覺醒。有時候，這些教訓痛苦或恐怖到讓我們不禁想：要是有選擇，我們寧可不要當父母了！在我看來，為人父母的挑戰就是：盡力充實地活出當下每個時刻，尤其是，在教養子女的過程中，自己也要有所成長。孩子及這趟旅程本身，都提供我們無限的成長契機。

這顯然是一世的功課，一旦承擔就是一輩子。我們打從心底知道，要把它做得盡善盡美，還要「做對」，但這其實不是問題，而是探索。重要的是，我們要真誠面對，盡可能尊重孩子和自己，告訴自己：至少至少不要造成傷害。

以我來看，這份工作全在於參與，全在於每一刻的專注品質，也在於我決心要自覺地活著，自覺地做父母。我們都知道，要是父母一方或雙方都缺乏自覺，僵硬又沒有討論餘地、自我中心、沒有活在當下、缺乏專注時，必定會導致孩子陷入憂傷的情境，而這些特質也是父母心中潛藏憂傷的外顯症狀。但要是沒有深度覺醒的體驗，是絕對看不出來的。

也許每一個人都會用自己獨特的方式來禮讚詩人里爾克的洞見——再親近的人之間，也一直存在著無窮的距離。如果我們眞正了解而且接受這句話，便可決定用這種態度去生活，我們可以運用並愛上這種海闊天空之下看清完整對方的距離，全然體驗「並肩而行的美好生活」是如何滋長。

這是父母的功課，父母要親自教養、保護、引導孩子，在他們獨立上路以前，持續引領他們。我們也必須擁有完整的自我，每個人都有自己的生命。這樣，當孩子看到我們，便可以看到海闊天空之下完整的我們。

帶著正念做父母（mindful parenting）是艱鉅的工作，意味著我們要懂得自己的心，並努力用內在生命跟孩子的生命互動。

我之所以練習禪修，就是要在面對巨大挑戰時，維持心智的平衡和清明，穿越爲人父母旅程中日復一日的風雨起伏。只要每天找出沉靜的時段，通常是一大早，甚至只有幾分鐘，都會幫助我更平靜，更平衡，看得更清楚廣闊，更能保持覺知，知道什麼才是人生中最重要的，並一再秉持著這種覺知，做出選擇。

在禪修和日常活動中所培育出來的正念（mindfulness），會磨練出一種對當下密切的靈敏度，我的心靈會多開放一點，心智更清明一點，我有機會如實地看到孩子的本質，記得提供給他們最需要的，並給他們充分的空間，讓他們摸索出該走的道路。

我雖然禪修，卻不代表一直處於平靜，也不代表我總是仁慈、溫柔，或專注當下，其實我常常做不到！禪修並不會讓我永遠知道該何去何從，或者從不感困惑或失落，但只要我秉持著正念，便可以用未曾有過的眼光來看待事物，採取未曾嘗試過、微小卻重要，有時甚至非常關鍵的行動。

在一個工作坊中，我唸了一開始兒子返家的故事。之後，我收到一位六十多歲男士的來信：

感謝你那天帶給我這麼特別的禮物，也就是你告訴我們你兒子在感恩節回家的故事。我深受感動，尤其是當他躺在你的胸膛，你形容他怎樣用生命來擁抱你時。之後，我第一次從我深愛許久的兒子身上感受到真實的愛，我不知道到底發生了什麼事，我好像一直需要有另一個兒子來愛，現在卻再也不需要了。

當事情特別糟糕或無望的時候，我們心中不免會浮起需要有另一個孩子來愛的感覺。如果不去檢視，那種感受有時候會從短暫的衝動變成深穩流動的失望，還促使我們想要擁有自以為沒有的東西。但如果我們像這位父親一樣再多看一眼，就會發現，我們其實可以了解並珍惜我們原來就該愛的孩子。

【作者序二】

懷著正念做父母的豐富與喜悅

麥菈・卡巴金

基於對孩子強烈而保護的愛，我開始懷著正念做父母的內心功課。這種內心功課帶來始料未及的禮物和快樂，讓我不是隔著自身的恐懼、期待和需求的面紗來看孩子，因而更能看清他們的眞實面目，還能看清每一刻需要做些什麼。懷著正念做父母也幫助我看到自己，學到如何處理困境及容易隨之生起的自動反應。這些不勝防範的自動反應，往往局限了孩子的幸福，帶來殘酷和毀滅。

雖然我從沒參加過正式的禪修訓練，但我一直需要時間和空間不作爲、靜默。孩子還小時，更難找到這樣的時空，只有在早上剛醒來，還躺在床上時，才有機會獨處和內省，那時能察覺夢中出現的影像，有時清楚，有時隱約，在半夢半醒之間，我接納當下所有到訪的念頭。

這就是我滋養內在的修行。外在的修行則是持續不斷、時時刻刻對孩子需要我時有所覺知、調整、回應、琢磨，並放下執著。內在的修行能爲外在的修行帶來平衡。

修行會以多種面目出現，例如：半夜起身爲剛出生的寶寶哺乳，在靜謐中哺育著她，卻像被她甜美的生命所哺育；或者抱著哭鬧的寶寶走來走去，又唸又唱又搖，想盡辦法哄她，如同處理自己的疲憊一般；又或者，注視一個滿臉不高興、充滿怒氣的青少年，找出他生氣的原因，直覺去理解他需要什麼。

正念跟專注有關，專注需要精進和定力。每一刻都帶來不同的東西，而且要求我有不同的回應。有時候我很幸運地能夠心領神會，有時候感到失落、困惑、失去平衡、不確知到底怎麼回事，但仍努力依著本能和創意來回應當下。有時，我深度滿足於純然的快樂，那是孩子身心健康茁壯、發光發亮的時候；有時，我也感到非常艱難、挫折、痛苦，那是我做什麼都不對，有時候還錯得離譜的時候。要看清大孩子更加困難，因爲他們的問題通常更爲複雜，答案也往往不簡單。

但是我發現，每次在爲人父母的道路上迷路，置身於黑暗森林的時候，只見地面粗礪，地勢陌生，空氣冷冽，卻常常在口袋裡發現一些東西，讓我終於找到來時路，我必須記得要停下來、好好呼吸、深入內心，密切注意那是什麼。

每一個難關都具有潛力，讓我打開眼界、敞開心靈，每次我多了解孩子一些，也就多了解自己和曾經年幼的我，這仍了解可以引導我。只要我能夠對孩子的痛苦懷著同理心和慈悲心，只要我能完全接納孩子表現、試探、實驗的那些叛逆、惱人、氣人的行爲

——無條件的愛具有療癒力量，滋養孩子，也療癒我。隨著孩子成長，我也成長了。我的內在發生了轉化。

我的敏感度早已成為我的盟友。過去這麼多年來，我學到運用我的本能、感官、情緒接收天線來深入檢視眼前事物的核心，重要的是：試著從孩子的觀點來看事情！我發現這種內心努力非常強而有力，只要我選擇仁慈而非殘酷，了解而非批判，接受而非排拒，不管孩子的年齡多大，都會得到滋養和增援。

這樣做父母就是建立信任。我努力保持這種信任和潛在的連結感，這都是過去多年我們在情緒上和體力上努力建立起來的。若疏忽或不自覺地表現出舊有的毀滅性模式，就是辜負了孩子對我們的信任。而在那樣的時刻之後，我必須有自覺地努力重建並加強親子關係。

這些年來，我一直努力把覺知融入做父母每一刻的經驗：觀察、質疑、注視我最珍視的和我認為對孩子最重要的，雖然有很多為人父母的層面在本書中並沒有提及，但我希望藉著向你描述這內心的過程，可召喚出我們懷著正念做父母的豐富體驗，以及成長和改變的潛力。

【譯者序】

跟孩子一道成長

雷叔雲

那年，老大九歲，一天下午他仰著小臉問我，眼裡滿是期盼：「班恩和傑夫一批人要騎車到溪邊玩，我也去，好嗎？」這眞叫人措手不及，他的活動範圍還沒有超出過我確認安全的環境哩！母親的保護本能馬上在腦中逐一檢查：小溪雖小，也仍有大石，騎車又得經過行駛汽車的馬路！我有脫口而出的衝動：「你大一點再跟朋友去好嗎？」

突然，一幅畫面跳接了出來。村外的池塘，水面有浮萍和布袋蓮盪漾，水中有鴨子和不知名的小魚悠游，頭頂上是驕陽，腳底下是爛泥，好多個沒大人管的開開心心的下午。於是，我交待了安全事項，然後親親他的臉頰說：「玩得開心喲！」因爲我知道一定很好玩！

望著小男孩騎車遠去的背影，我童年的午後漸漸和孩子的午後交疊起來，彷彿歷經了二度童年。那一次，我學到了重大功課：他有自己獨立的生命，父母最重大的責任就是讓孩子一點一點爲自己負起責任。就像稍早教他騎車：不放手，多安心哪！學著放手，他難我也難；可是不放手，他永遠學不會；等放下了手，心卻還放不下。

我後來才知道，那只是未來無數次的第一次放手。後來，孩子都循著美國青年慣見的軌跡：十五歲半自己開車上學，十八歲揮別父母，搬到大學所在的陌生城市，然後獨自探索世界其他的角落，一點一點揮別父母提供的環境，一點一點開創自己的生活模式。我們做父母的，也隨著孩子每個階段的成長而學到親子關係中的新角色和新任務。

正念和父母之道

人生至少有兩件大事是很難排練純熟才上場的：突罹重病和爲人父母。大部分人一旦面臨這樣的角色，都像還來不及彩排，就遽然被推到聚光燈下，書上的描述和他人的經驗，似乎不完全是那回事。唯一能做的，就是邊演邊練，邊做邊學。

葛拉威爾（Malcolm Gladwell）在《異數》（*Outliers*）中提出一個定律：在專業上成功的最大前提，是一萬個小時的持續練習。若採這種說法，粗估父母在孩子學步期間就達到專業成功的標準了，然而，父母這個專業，無薪無酬、全年無休、不能辭職、不能退休，恐比任何專業難度都高，需要做孩子的養育者、師長、嚮導、貼身保鑣、醫護助理、營養師、言教和身教的榜樣、知性的朋友和感性的朋友等，而且每個孩子都不同，每個年齡層也不同，孩子不停成長，父母也不斷改變，甚至每一天、每一刻的親子互動都不同，父母在這樣的動態變化中唯一能把握的，就是建立一個更大的架構、更深遠的目標，在其中接受在職訓練。本書所談的就是這個架構和目標：正念和覺知。

正念最早出現在亞洲，雖已有兩千五百年的歲月，但在東西方各種心靈修行的傳統、原住民的智慧，還有魯米、愛默生、梭羅、里爾克的作品，無不蘊含正念。正念不可誤爲積極正向的思考，它位於我們所熟悉的思考領域以外，是直觀的心路過程，也是生命美學。在此不妨用正念的特質來拼貼一份完圖：專注、如實觀察、覺知此時此地此人此事、不帶預設成見、不加評斷、初心、開放而接納。正如里爾克雲淡風輕的詩句：

任它發生
無論美麗還是恐怖
只要繼續走下去
沒有什麼感受是不會改變的。

我們靠著正念，才能首度見著自身的無明、盲點、局限和慣性自動反應，與內心的陽光空間和陰暗角落親密相處，看到自己原本而眞實的面目。父母靠著正念，才能看見孩子原本而眞實的面目，發掘出我們和孩子最深刻、最美麗的潛力。

用中文說「正念」，也許還不大順溜，但在美國，歷經三十餘年的提倡，正念居然成了心理治療界朗朗上口的專業名詞，和一般大眾口中的普通名詞。各種療法紛紛冠以正念（Mindfulness-Based）之名，不少知名大學也陸續設立正念研究中心。若要話說從頭，就得從本書作者之一喬・卡巴金醫師於一九七九年在麻薩諸塞大學醫學院校區首創「減壓門診」（Stress Reduction Clinic），並推出「正念減壓課程」（Mindfulness-Based Stress Reduction, MBSR）說起，這是引介正念給美國主流社會的第一份完整方案。

他是麻省理工學院分子生物學博士，現任麻薩諸塞大學醫學院榮譽教授。曾受業於劍橋觀禪中心（Insight Meditation Society）住持韓國崇山行願（Seung Sahn）禪師，並接受培訓成爲禪修老師。他的身心體驗凝煉成了願景：何不用現代美國人熟悉的語彙，將禪修最有益身心的部分，介紹給一般大眾？於是，繼減壓門診之後，他又於一九九五年創辦「醫療、健康照護和社會之正念中心」（Center for Mindfulness in Medicine, Health Care, and Society），其團隊多年來在專業醫學及刑法期刊上發表不計其數的正念療效研究報告。正念的應用在美國醫療、心理、教育、企業、監獄以及職業運動等領域，漸蔚爲風氣。他曾出版多種以正念爲主題的著作及音碟，心靈工坊出版、筆者所譯的《當下，繁花盛開》便是一本正念的生活隨筆。

此外，喬・卡巴金還有一個更親切的身份：他是三個孩子的父親，也當了祖父。因在爲人父母的歷程中，親身體驗到正念如何幫助生命成長，於是遠在一九九七年，他與妻子麥菈便合著本書，十六年之後，他們用後續的成長體驗修訂了本書，而有了你此刻捧讀的再版。再版的西班牙文、法文版已先後出版，德文版與繁體中文版差不多同時付梓，英文版則尚未問世，恭喜你和西、法、德的父母得以先睹爲快。

本書所談的自然是教養子女和爲人父母之道，若精確地說，本書其實是「父母成長書」，大不同於一般的「教養子女書」。書中直指如何能藉父母這個角色，成長爲更完整、更成熟、更專注、更具洞察力的人，同時也造就出具有同樣特質的孩子。作者說，當初原訂的英文書名爲《帶著正念做父母：養育孩子，自我成長》（*Mindful Parenting: Nurturing Our Children, Growing Ourselves*），唯編者因顧慮當時正念並不普及而將書名改爲《享受每天的幸福：帶著正念做父母，內心下功夫》（*Everyday Blessings: the Inner Work of Mindful Parenting*）。從那未曾發表的書名，我們可看出其中多重意涵，原則上是「養育孩子必須同時致力於自我成長」，方法上是「自我成長是養育孩子的途徑」，效果上是「養育孩子時，自我便成長了」。

教養孩子，教養自己，也讓孩子教養我們

本書從爲人父母猶如站在分岔路口說起，有危險，也有無窮希望；再談到自主權、同理心和接納是正念父母的鼎立三足；繼而談到如何看待生命，如何對待生活，親子如何同頻和共振，甚至如何面對外在世界快速的變遷，如網際網路、社交網站、手機文化、媒體瘋、消費瘋（我們何妨再加上時尚瘋、政治語言瘋和八卦窺伺瘋）的興起。每一個分支點都是選擇和轉化的契機，我們的選擇將爲自己和孩子的人生定向、定位。

孩子一生有來自家庭、學校、同儕、社會的各種影響，父母只能守備其中一壘，我們無法控制球來自何方，是高飛還是滾地，但我們對孩子的影響比誰都早，與孩子的距離比誰都近，我們的工作也無人能夠取代。因此我們必須眼觀大局，同時懷抱著正念，專注守備區出現的各種狀況，採取最佳因應措施。

換個角度看，孩子也站在比誰都近的距離來審視我們，挑戰我們的每一個期待、每一個執著、每一個信仰，踩到我們的底線，踢到我們的罩門，暴露我們的局限，一直拿著鏡子讓我們深入照見自己。孩子是出題的老師，我們若不在內心下功夫，便難以通過形形色色的大考小考。如果我們誤以爲父母是權威，可按一己的期望來形塑孩子，那我們就錯過了眼前最好的老師。以孩子爲師，或如作者那樣視孩子爲家中的常駐禪師，豈不是反向教養（reverse parenting）？這樣一來，親子之間便不可能是單行道，而成了雙向

教養、雙向滋養！

我們懂得如何做父母之後，便可看出我們如何受惠於自己父母的教養，也看出沒有完成的成長，然後自我教養（self parenting），繼續成長。

人常說孩子是父母最珍貴的禮物，其實父母又何嘗不是孩子最珍貴的禮物？願普天下的父母都能懷抱著正念，踏上這一段最艱鉅也最喜悅的旅程，在每一刻，都能把最好的自己獻給孩子！

目次

卷三 看待事情的方法

卷四 生命自處的方式

卷一
危險和希望

父母怎樣安頓內心？如何才能避免被自己的疑問、不安全感、生命中所面對的問題、內心的掙扎，以及我們和他人的衝突所吞噬或淹沒？正念提供了一條解決之道，帶著持續不斷的覺知，我們深入洞察並理解自己和孩子，我們做出選擇，親子一起學習一起成長。

為人父母的挑戰

爲人父母是地球上最具難度、要求最高和壓力最大的工作，也是一項最重要的工作，因爲父母深深影響下一代的心靈和意識、他們如何體驗意義和連結感、如何學到整套生活技巧、如何深入感受自己在快速變遷世界中的一席之地。但是在一個重視生產遠過於滋養、「有所作爲」（doing）遠過於「無所作爲，生命自處」（being）的世界，我們成爲父母時，其實是未經準備或訓練就上場了，也缺乏引導和支援。

有時候，寫得最好的父母手册是有用的參考工具，讓我們以嶄新的方式看待各種情況，尤其是在成爲新手父母的前幾年，或在處理特殊問題時，我們看見不同的處理方式，了解自己並非唯一手足無措的父母；它也可以讓我們理解孩子在特定年齡層的發展指標，我們對孩子的期望因而更貼近現實。

但這些書沒有討論爲人父母的內心體驗。例如，我們怎麼安頓內心？怎樣避免被自己的疑問、不安全感、生命中所面對的問題、內心的掙扎，以及我們和他人的衝突等等所吞噬或淹沒？它們也沒有指出怎樣才能對孩子的內心經驗更爲敏感、更爲欣賞。

要做自覺的父母，我們需要在內心下功夫，同時也在哺育和照料的外在工作上下功夫。利用書上的「如何做」的確可幫助我們做好外在功課，但是必須與內心的主控能力互補，而它只能經由經驗培養出來。只有我們意識到：雖然有許多事超乎控制，但藉著選擇如何回應，我們多半還是在「創作」自己的生命。在這個過程中，我們利用身心中最深刻、最優異、最具創意的部分，找到自己在世上該走的道路。一旦明白了這一點，我們知道，爲了孩子和自己，我們多需要負責把日子過好，多需要爲自己的選擇負責。

如果我們在內心下功夫，就可以發展出內心的自主和眞誠，只要刻意覺知一路展現的體驗，就會增長眞誠和智慧。假以時日，我們會學到如何更深入看到孩子的眞實面目及他們的需要，主動找尋適當的方法來滋養他們，並幫助他們生長和發展。我們也學到如何解讀他們所發出的各種訊號，而且相信自己能適切回應。這個過程中最重要的是：專注、探詢、善解人意。

爲人父母的經驗人人不同，別人的方法也許不見得有用，每個人都需要找到自己的路子。一路上從有益的來源學習，學著信任自己的本能，同時也不斷檢視並質疑它。

此外，我們昨天所想、所做、當時「效果很好」的，今天不一定奏效，我們必須完全置身當下，意會孩子最需要我們的是什麼。一旦內在力量枯竭了，就要找出有效而健康的方法，繼續充實並重建自己。

做父母，也許是計畫中的，也許是不經意的，但不管是怎麼發生的，都是一個召喚，召喚我們每天重新創造世界，在每一刻都重新與世界新鮮相遇，也就是認識我們最眞實、最深刻的人類本質。做父母這件事，不斷要求我們找尋並表現出心中最滋養、最智慧、最關懷的部分，盡力做最好的自己。

懷著正念做父母，跟一切心靈訓練一樣，充滿巨大的前景和潛力，同時也促使我們在內心下功夫，好擔當這個任務，這樣我們才能全心走上這段英雄之旅，也就是人類生命的終身探索。

面對壓力、挑戰時仍要保持醒覺 把自己看得更清楚，更能與孩子同在

選擇當父母的人，承當了這個無薪無酬、困難無比的工作，往往在措手不及、相當年輕、又缺乏經驗的年齡，也常常在經濟拮据和缺乏安全感的情況之下。

一開始，我們也許毫不知情，爲人父母需要放棄許多熟知的事物，承擔許多不熟知的東西，預示了生命中需要嶄新的要求和改變。

就如同每一個孩子都是獨特的，每個情況也都不同，我們必須依靠心靈、最深的人類本能、對童年的記憶，正面遭遇生養小孩這塊陌生的領域。

面對著一連串家庭、社會和文化壓力，生活常常必須符合不甚清楚又不自覺的規範，加上照顧孩子的重荷，我們發現，不管出發點多好、多深愛孩子，還是會進入自動導航模式，受到自己變幻無常的內心所折磨，也經常捲入未能覺察卻聒噪不停的思考。

因爲我們多多少少都長期心不在焉，而且難免有時間壓力。這一刻，任何一刻，也許看起來太平凡、太例行、太稍縱即逝，以致挑不出特別之處加以注意。如果你眞的陷入了這種慣性，這種未經檢視的自動模式很容易就會四處滿溢，連做父母時也不例外。我們也許會假設，只要基本上是愛孩子的，希望他們幸福，無論做什麼都沒問題。或者我們告訴自己，孩子是堅韌的小人兒，在他們身上發生的事情不過爾爾，不會有什麼影響，如此一來，我們的行爲便看起來合情合理了。

但是我（喬）不時想起在減壓門診、正念工作坊和禪修營裡人們所回想起來的童年往事。許多人的童年是毫無掩飾或隱微的辜負，是父母之一或雙方或多或少失去了自制，對孩子傾瀉各式各樣料想不到的恐怖、暴力、詈罵、卑鄙行徑，有許多都是從自己的創傷、曾受忽視和染上毒癮的經驗，以及接下來的極度憂悒不樂而來。有時候，非常反諷的，隨著這種可怕的辜負而來的，是父母拒絕去愛，讓情況越加失控，孩子更難領會。另一些人則經常帶著一種痛苦，像是人家看不見、不了解、忽略、不會欣賞你這樣的孩子。還有，社會各方面的壓力都升高了，加速了時間的緊迫感和不足感，家裡大事小事都好像已屆臨、常常超過了崩潰點，一代比一代糟，沒有越來越好的態勢。

有一位女士參加了五天的正念禪修營，她說：

這星期禪修時，我覺得我有一塊不見了。當我靜下來，直觀內心，有些部分就是找不到了。我不太確定這代表什麼意思，但讓我有些焦慮，也許等我多禪修之後就會知道我為什麼不能成為一個整體。我真的感覺我的身體或靈魂上有破洞，無論到哪，都像是往前推著一座大山那麼吃力。我先生說：「你為什麼要這樣？還有很多機會呀！」我說：「我不知道，但如果有法子可以堵上，我一定堵上。」我感覺有點像瑞士洞洞乳酪，從小就有這種感覺，覺得有某種失落，我認為我有些部分〔被〕死神和其他人〔從我這裡〕拿走了。姊姊在我很小的時候死了，我的父母直到過世前都有點像憂鬱症患者，我覺得我有些部分拿去餵他們了，真的，我小時候是個活潑、青春、進取的人……我就是覺得有些部分被拿走了，沒辦法要回來。我為什麼拿不回來？我是怎麼搞的？我今天坐在這裡禪修，發現自己正在找那些部分，卻不知道它們跑到哪裡去了，要是沒找到，我不知道怎樣才能變成一個整體。現在我家人都死了，他們拿了我所有的就離開了，只留我一個人在這裡，像塊滿是洞洞的瑞士乳酪。

好一幅淒涼的畫面！但這的確發生了，而且後果在孩子的一生中迴盪。

父母以愛之名，常常造成孩子深度的傷害，情況益形複雜了。就像父母打孩子時會教訓他們：「這是爲了你好。」「我比你還痛。」或者「打你是因爲愛你。」這樣的話語往往就是父母小時候挨父母打時所聽到的字眼。如同艾莉絲・米勒（Alice Miller）[1]在影響深遠的著作中所述。以「愛」之名，卻常常是父母肆無忌憚地傾瀉憤怒、蔑視、仇恨、偏狹、疏忽和虐待到孩子身上，不自覺或已經不在乎自己的行動會有多大的影響。在我們社會中的各個階層都可以看到這種情況。

在我們看來，自動的、未經檢驗等方法，不管是否表現出明顯的暴力，都會對孩子及其成長軌跡，造成深度且長久的傷害。父母若不自覺，也常常會抑制自己成長的潛力，造成悲哀、機會錯失、傷害、怨恨、責怪，對於自我和世界抱持有限或狹小的觀點，最後，各方都感到孤立和疏離。

如果我們面對做父母的挑戰和召喚時，能保持醒覺，這種情況就不會發生了。我們反而能運用與孩子有關的機會，破除自己心智和心靈上的障礙，把自己看得更清楚，更能與孩子同在。

1：1923-2010，世界著名心理學家，以研究童年早期心理創傷的成因及其對人成年後的影響而知名，有十三本著述，譯成三十種語言。

找出有創意的方法，深入探尋自己正行走其上的道路

我們的文化並未一致公認做父母是有用而重要的工作，大家都能接受人們百分之百奉獻給事業，或「感情關係」，或「找尋自我」，卻不能接受百分之百奉獻給孩子；這意味著，若開放無私地把全副心思放在孩子身上，只會「慣壞」孩子。

整體社會及其體制，都造成並反映出個人的心智和價値，因此做父母這件事的地位不高。誰是薪水最高的人？當然不是日間托兒的工作人員或老師，可是他們的工作給父母多少支援！哪裡有好榜樣、支援的網絡、給年輕父母的給薪假、給新手父母在家多跟寶寶相處好幾週的機會和兼職工作？哪裡有怎樣做父母的課程？這些課程如果很普遍，就表示社會認爲健康地做父母無比重要，而且受到高度重視，偏偏它們出奇地罕見。

當然也有光明和充滿希望之處。無數的家長將爲人父母視爲神聖的信託，並努力找出眞摯並有創意的方法來引導並養育孩子；有許多書把正念覺知（mindful awareness）和同頻（attunement）跟爲人父母相結合，威廉和瑪莎・席爾斯（William and Martha Sears）[2]的《寶寶的書》（*The Baby Book*）提供了尊重嬰兒需要的架構；丹・休斯（Dan Hughes）的《依附的父母經：照顧孩子的有效策略》（*Attachment-focused Parenting: Effective Strategies to Care for Children*）和丹尼爾・席格（Daniel Siegel）、瑪麗・哈特索爾（Mary Hartzell）的《從內而外

的父母經》（*Parenting From the Inside Out*）將人我關係的神經科學、依附研究和覺知連繫在一起；南茜・巴達克（Nancy Bardacke）的《正念生產：爲生產及其他而訓練心智、身體和心靈》（*Mindful Birthing: Training the Mind, Body and Heart for Childbirth and Beyond*）是本有開創性的書，討論懷著正念生產和爲人父母。這些主題的新研究和新書一直不斷地出現。

但是令人震驚而且放眼皆是的現象是：我們生活的這個時代，家庭越來越難養育出健康的孩子。許多孩子放學回家時，大人仍在外賺錢打拚，孩子接觸電視和網路世界比成人還多。在家庭和鄰里中，越來越難看到從活生生、會呼吸的大人和尊敬的長輩身上表現出具體而家常的愛、支持、能量和興趣。

雖然社會力量形塑我們的生命，但每個人都可以自覺而刻意地選擇如何看待所處的現況。我們都有潛力深入探尋自己正走在其上的道路，以及道路如何反映我們最關切和最嚮往的事。我們一直都有選擇，可以選擇對生命更專注、更有意向，尤其是跟孩子有關的事。要是有一個更大的架構，可以檢視並發展洞察力，看到自己在做什麼，還有什麼值得去追求，就可以幫助我們走在正確的道路上。正念正可以提供這樣的架構。

在一天展開之際，把正念融入日常各方面，這樣一來，我們不再被動受驅使而採自

2：威廉爲小兒科醫師，有四十餘本教養子女的著作，在電視上以「比爾醫師」之名著稱；瑪莎爲護理師；夫婦二人提倡親密育兒理論。

動導航模式，或行使父母的職責卻茫然不知自己在做什麼。在這壓力越來越大、越來越複雜的世界裡，我們必須處理每天互相牽制的責任和要求，還要提供並滿足孩子獨特的內在和外在需要，因此正念對父母格外重要。

什麼是帶著正念做父母？

懷著正念做父母，是用新的覺知和意向，認識到做父母的可能性、益處和挑戰；換句話說，有自覺地做父母不僅非常重要，而且是爲孩子和自己所能做的最重要的事。

本書是爲人父母各個層面一系列的修行，這是培育一種特定的覺知，盡力並全然滿足孩子的需求。這種覺知稱爲正念。正念可幫助我們更深入洞察並理解孩子和自己。正念具有一種潛力，可以穿透表相和行爲，讓我們看得更清楚孩子的眞實面目，向內向外檢視，並在我們所看到的基礎上，轉化爲智慧和慈悲的行動。懷著正念做父母對孩子和父母都有療癒和轉化的效果。

本書卷四將會提到，從正念的觀點切入，爲人父母可以看做跨越大部分人生的一種長期、甚至艱鉅的禪修訓練。而我們的孩子，從嬰兒到成人時期，可視爲一個不斷挑戰我們的常駐禪師，不斷給予我們機會做內心功課，了解自己和孩子的眞實面目，讓我們一直記念著生命中至要的事，而且給孩子最需要的，讓他們成長與茁壯。在這過程中，持續不斷的覺知，使我們從受限的認知觀念和慣性、從前輩延續下來或自己所建構的束縛和牢籠裡解脫出來。毋須任何字句或討論，光是透過孩子的生命，便可激勵我們在內心下功夫，越能記著孩子內在的整體和美麗，我們就越能深入正念。看得更清楚之後，便能用寬厚的心，更適切地回應他們，做更有智慧的父母。

因爲我們全心養育這些常駐禪師並致力了解他們的眞面目，他們會給我們無數奇蹟、快樂和機會，來體會最深刻的連結感和愛——尤其是在我們「受訓」的前十年或前二十年。他們十之八九會踢到我們的罩門，激起我們的不安全感，測試我們所有的局限和界限，碰觸我們害怕去踩線、或力不從心、或更糟糕的地方。在這個過程中，只要我們參與他們的生命，庇護、養育、愛他們，並盡力給他們引導，又願意密切注意自己的體驗，孩子便會一而再、再而三提醒我們什麼才是生命中最重要的，帶領我們看見生命的奧祕。

爲人父母的要求十分嚴苛，部分是因爲孩子會用沒人能夠或願意的方式，要求我們做些沒人能夠或願意做的事，他們站在比別人都近的距離來看我們，而且一直拿著鏡子讓我們深入照見自己。這樣一來，我們有機會用新的眼光來審視自己，同時努力自覺地問：從孩子的每一個情況中學到什麼？這種覺知會滋養孩子和自己的內心成長，我們根據這覺知選擇。親子之間相互關連和相依相存的關係，讓我們一起學習一起成長。

和孩子一起從事日常活動時時刻問自己：什麼才是生命中最重要的？

要把正念融入父母之道，就要了解正念是什麼。正念就是時時刻刻，不加評斷的覺知。培養正念要靠刻意增進專注當下的能力，而且盡力持續一段時間。在這過程中，更能體會到我們一路展現的生命。

平常，我們的生活都是自動導航模式，專注是有選擇性的，或偶一爲之，將許多重要的事情視爲理所當然，或者根本不知不覺，而且是根據喜不喜歡、想不想要，對自己的經驗形成迅速而未經檢驗的判斷。正念提供父母之道一個非常強有力的方法和架構，使父母注意到自己每一時刻的所作所爲，同時穿越自動的念頭和情緒面紗，看到更深的眞實。

正念是佛教修行的核心，與培育專注力密切相關。正念修行在亞洲代代相傳，至今仍非常盛行，也開始走入西方主流社會，如醫學、神經科學、心理學、健康照護、教育、法律和社會方案裡。

正念是一種禪修訓練，有許多方法。我們可把這些方法想成不同的門，都通入同一個房間，從每一個門來觀看房間，都是一個獨特而不同的觀點。然而一旦進入房間，不管從哪個門進來，都是同一空間。無論使用什麼禪修方法和傳承，都是運用專注能力，達到一切活動之內和背後的秩序和寂靜，無論那些活動在表面上看起來多麼混亂。

培育正念有很多種方法，正確的路不只一條，就像父母之道一樣，也不只一條。

懷著正念做父母是，和孩子一起從事日常活動時，記住什麼才是生命的核心。大部分時間我們都需要提醒自己，甚或承認自己對人生最重要的事一無所悉，因爲生命意義和方向的線索很容易就不見了。但就算在最困難、最可怕的時刻，也可以退一步或是重新開始，用新鮮的視角問自己：「什麼才是眞正重要的？」

懷著正念做父母就是看看我們是否**記得**把這樣的專注、開放和智慧融入與孩子同在的時刻。這是眞正的**修行**，自有本身的內在紀律與形式，對孩子和父母都深有助益，但唯有眞正修行才會發現。

從孩子身上學習，需要專注和靜心。沉靜中才能去看、並看穿內心經常肆虐的混亂、晦暗和自動反應，於是培育出更清明、更平靜、更智慧的心，直接用於父母之道。

父母有自己的需求、渴望和生命，孩子也是。但是常常在大局和小節中，父母的需求也許和孩子的非常不同，有時還有衝突。親子的需求有所牴觸時，很可能會導致意志的角力，看最後「按誰的意思行事」。要是父母覺得有壓力、過度操勞，而且累壞了，尤其如此。

懷著正念做父母就是在這種時刻培養覺知，知道親子的需求如何**相互依存**，而不是互相抗衡。我們的生命深刻連結，幸福是雙向影響。如果孩子不好，我們就痛苦，如果我們不好，他們也痛苦。

只要懂得孩子和自己情緒和生理上的需要，並視孩子不同年齡的需要，找出方法讓每個人都滿足所需，大家都會從中受益。只要父母有這種敏感度，就會加強親子之間的連結感。當我們活在當下，孩子會感覺到我們對他們的承諾，甚至在困難時刻也不例外。而且，在雙方的需要發生衝突時所做出的抉擇，更是出於知心的連結，這抉擇也會蘊含更多的慈悲和智慧。

不管愉快或痛苦，抓住覺知的細線
展現我們內心最美好的部分

我們把爲人父母看成神聖的責任。父母是保護者、養育者、安慰者、老師、嚮導、同伴、榜樣、無條件的愛和接納的來源。如果能夠牢記做父母的神聖責任，又能將正念融入爲人父母過程中的每一刻，那麼，我們會因爲知道這一刻、這個孩子在生命的這個階段需要我們做什麼而做出選擇。在這項挑戰面前，我們不僅能爲孩子好，也許是生平第一次發掘出我們內心最深、最美的部分。

懷抱正念的父母能指認出日常中所面臨的挑戰。因爲覺知必須是全面辨識出挫折感、不安全感和短處、自己的局限和界限，甚至是最黑暗、最具毀滅性的感覺，以及不

堪重負或摧枯拉朽的感覺，它促使我們自覺並有系統地跟這些能量「密切合作」。

承擔懷抱正念做父母這項任務，就是對自己抱著很大的期望。在許多方面，我們是童年各種事件、情況的產物和囚徒。既然童年形塑我們看待自己和世界的方式，過去也不免形塑我們看待孩子是怎樣的人和「他們理應得到什麼」，以及應該受到怎樣的照顧、教導和「社會化」。無論我們的觀點是什麼，都像受制於強大魔咒，強烈且不自覺地持續保持原有觀點。只有知道自己曾受到形塑，才能利用當年受父母教養所得到的有益、正面、滋養的部分，並且超越具有毀滅性和局限性的層面。

有些父母得關閉心門、得「不去看」、得壓抑自己的感情，才能度過童年，要他們更具有正念，可能特別痛苦又困難。在我們受舊日魔鬼支使的時候，從童年而來的舊有信念、毀滅性模式和惡夢生起的時候，受陰暗感受和非黑即白的想法所折磨的時候，尤其難以停下，用嶄新眼光來看待事情。

我們絕對沒有建議懷抱正念做父母有著理想的標準，可用來衡量自己，或必須努力以赴。這是一個連續的過程，過程中不斷加深並精煉我們的覺知、活在當下和睿智行動的能力，而不是要達到一個固定目標或結果。過程中重要的是，對自己要慈悲，包括看到並接納自己的局限、盲點、人性和缺點，而且盡力以正念處理。即使是在黑暗、絕望時，發現我們原來一無所悉，就在當下，嶄新地重新開始，每一刻都是一個新的開始，另一個調諧的機會，也許就在那個時刻，我們能新鮮且深入地看到、感到、了解自己和孩子。

我們對孩子的愛，只有在每一刻親子關係的**品質**中才能表現出來，也才感受得到。若能把每一刻都融入覺知並安住其中，愛就會越來越深。愛表現在我們如何遞麵包或如何道早安，而不只是去狄斯耐樂園大玩一場；愛表現在日常慈心、理解、敞開心懷的接納當中；愛表現在體現愛的行動當中。所以無論是好時光還是糟日子，任何一天，任何一刻，專注的品質最能深入測量我們對孩子的關懷和愛。

本書是爲關心家庭生活品質，關心未出生、已出生、幼小、長大的孩子之幸福的讀者而寫。希望能鼓勵父母努力透過生命和日常行動來表達關愛。我們必須先對自己的生命有全盤掌握，碰觸自己所有感受，才做得到——總而言之，要覺醒！

父母是一面鏡子，在其中，看得到自己最好的一面，也看得到最糟的一面；看到生活最豐富的時刻，也看到最嚇人的時刻。有時候覺得家裡一切健全，孩子看起來快樂、強壯、平衡，結果第二天或下一刻，地獄之門就打開了，世界充滿了困惑、絕望、憤怒和挫折感。原來以爲我們所懂得的一下子全沒用了。所有的規則好像在一夜之間或在一剎那之間全變了，毫無頭緒到底發生了什麼事，或爲什麼會發生。我們好像是最大的失敗者，什麼事也不知道、不了解。

即使在這些時刻，仍要盡力提醒自己，不管多不愉快或多痛苦，我們還是可以抓住那根覺知的細線。雖然非常困難，還是要努力去釐清發生了什麼事，即使身處困局，也要看出自己還需要做些什麼。要不，就只能陷在自己的反應和自動行為中，對自己恐懼、憤怒、否定，放棄原有的慈悲和清明。即使無可避免走上這條路，事後還是要更平靜地努力重新檢視，從中學習。

本書是我們做父母的經驗之談，我們的經驗和你「這個人」或你「這位父母」無疑是很不一樣的。你也許會發現，我們所選擇的方式，和你受父母養育的方式或你做父母的方式不盡相同；你也會發現，你對我們所說或所做的選擇，會生起強烈的情緒反應。做父母會喚起甚多深藏的情緒，因為這和我們認為自己是怎樣的人，或選擇如何活出自己的生命，密切相關。

我們並非建議你依樣畫葫蘆，也不是說如果你不照著做，就缺了一角。我們都知道，為人父母並沒有簡單的答案或一貫的解決方法；更不是說，正念是所有生命或為人父母所有問題的答案。我們只不過試著指出一條看待事物和生命自處的道路，可以跟你做父母的方式整合起來。究竟什麼對孩子和自己才是最好，必須利用創意和能力，在生命中保持覺醒和覺知，一一做出個人的決定。

終極來說，懷著正念做父母就是看清孩子，傾聽並信任自己的心靈，明確辨識父母每天的挑戰，也使自己成為孩子無條件的愛的源頭，一刻又一刻，一天又一天。

怎麼做才好？

不會有兩個家庭有完全相同的情況要處理，或有相同的資源要尋求，但無論生活在什麼狀況下，我們相信，因爲人類有美德，所有的家庭和個人的內心深處都有力量可以運用並加以培養。當我們努力要在生命和家庭之間取得平衡，這些內心的力量會大大幫助我們做出重要的決定。

我們的觀點是：孩子第一！但是，這究竟是什麼意思？無論這對你有什麼意義，都會隨孩子的年齡而改變，也隨每個孩子而有所不同。當然這並不是迷戀孩子或不斷盤旋於孩子的上空（所謂直升機父母），也不是犧牲自己的需要。正念不是把心思都放在孩子身上而失去了自我；正念維繫在平衡上。正念幫助我們發展並加強自我覺知……也就是扎根於身心的生活經驗。就像跑接力賽，棒子要交給另一名選手時需要很長的交集——至少十八年——父母的工作就是培養孩子們獨跑時可以跑得很好。爲了做到這一點，在他們身旁一起跑的時候，需要付出我們的全部。這有許多做法，不是只有一個正確的方法，也沒有一套公式，更不是光去做就好了。長遠來說，這更關乎我們在生命中「如何自處」，而不是「做了什麼」。無論在什麼情況下，只要我們有意願、動機和關心，就可以運用內心的力量和智慧、創意和關懷，加上每一刻都給予的新契機，所以重要的是，學習安排自己的步伐，對自己溫柔，因爲我們會待上很久，這就是帶著正念做父母的修行給我們的啓發。

也許我們會自問：「如何在手邊忙不停的種種事情之外，還要加上懷著正念做父母的任務？」其實我們會發現，自己早就熟悉並掌握這系統性訓練和方法的重要元素了。因爲帶著正念做父母這種修行和內心訓練，是從每天所面對的經驗和挑戰中自然生起的，因此可行而且切合實際。

我們的造詣已經非常深厚。每天都要運用有限的時間和精力同時做好幾件事，並利用那早就發展出來、不可思議的第六感，好持續注意每一刻孩子在哪裡？有無潛在危險？我們也擅於一邊做事一邊講話，一面思考一面處理不斷的干擾。通常，若沒有把注意力全然放在談話對象身上，有時候對方會覺得受傷或被冷落，可是我們都發展出一種能力，能夠在同一時間內注意許多事情，一面跟人講話，一面看緊孩子，或扣起外套，或在孩子還沒受傷之前便抓住她，這樣的技巧和訓練就是爲人父母的領域。父母必須如此，越常運用並發展這些技巧，就做得越好。這變成一種生命自處的方式。

我們努力做更具正念的父母時，這些技巧和訓練都已經自然而然地可以好好運用了。一個技巧是另外一個技巧的延伸，帶著正念做父母要求我們將一些精力、訓練和關懷轉而向內，導向我們的心、身和體驗，導向更有系統地照管孩子的內心和外在生活，導向他們的心靈需求，以及衣食住行的需要。

麻薩諸塞大學醫學中心的正念減壓門診，已有幾千人完成正念減壓課程（Mindfulness-Based Stress Reduction, MBSR），大部分的學員都是父母。許多人帶著很嚴重，甚至有生命危險的醫療問題，或是帶著社會、經濟和個人的問題前來，一些人甚至有過可怕的家庭經驗。在爲期八週的課程裡，他們努力在生命中開發正念，爲自己、爲家庭建立幸福的基礎。過程中，他們的生命、心態、看待他人的觀點、與他人相處，包括與子女，往往發生了深刻而持久的改變。儘管開發並維持正念的訓練本來就有難度，許多人都說，他們開始用一種嶄新方式來專注，覺得更放鬆、更有希望，將家庭和工作的壓力處理得更好，心靈更安詳寧靜，也更有自信。他們乘著正念修行在生命上行駛，看見了全新的機會。有些人則說，獲得很大的解脫感，有一種掌控內心的能力和安全感。

課程中，老師向學員介紹禪修，原則性地建議如何將禪修應用到日常生活和出問題的狀況。但是，通常是學員在經歷了整套課程之後，自行發現如何將正念更有意義地應用於自己的生活中，這是有創意、直覺的過程，是從修行中自然浮現的。

懷著正念做父母也一樣，我們不會告訴你該做什麼，或怎樣選擇。只有你才能決定，因爲是你在過你的生活，而且知道每一刻的特殊情況需要你做什麼。我們頂多給出最一般性的指導。正念的細節運用及你如何選擇、決定，只有從你的修行動機而來，從你充分覺知並尊重每一刻的使命感而來，從你內心的渴望而來。具有正念的選擇會從親子相處的每一刻而來，會從你的創意、想像、愛和天份而來；人類原就有這些深刻的特質，而且取之不盡，用之不竭。

就因爲正念沒有公式，而且必然與人類體驗的品質及生活中的專注程度有關，正念的範圍可說是普世的，跟任何情況都有關。每個人都有心，每個人都有身體，每個人都能刻意專注，每個人的生命都會在這一刻展現。正念並不告訴我們怎麼做，但是正念的確教我們一種傾聽的方法，一種專注聆聽出我們認爲什麼才是重要的方法，並在任何情況或場景下都能擴展我們的視野。

我們身爲父母、身爲一個人，無論生活正面臨什麼，學著辨識並開拓內心深處的力量，並規劃出一條符合我們價值和眞心的路徑，都會有非比尋常的成長和轉化。而我們眞正需要的其實是意識的轉換，並從當下覺知來重新看待事物，兩者都可邀引出我們和孩子心中最美好的一部分。

卷二
帶著正念做父母的基礎

帶著正念做父母的關鍵有三：

1. 尊重孩子的自主權，他們因此可以展現「真實面目」，並且找到自己該走的路。
2. 培養同理心，努力從孩子的觀點來看事情。
3. 接納，認識並且承認事情原原本本的樣子。

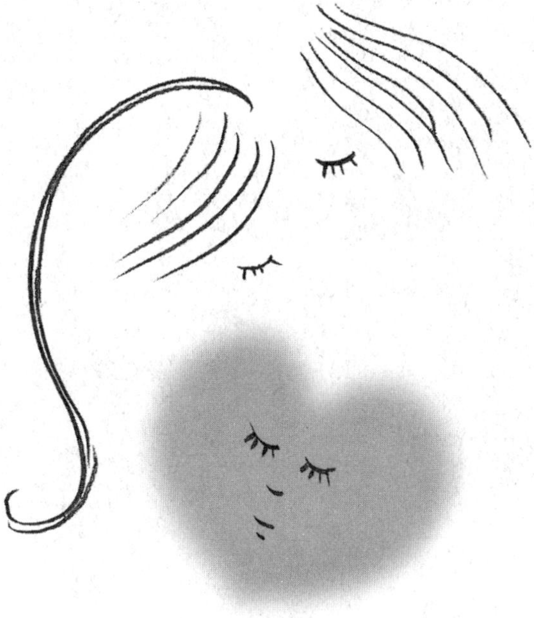

高文爵士和醜女

很久以前，身爲一國之君的亞瑟王在一個耶誕節正面迎上了自己的無能，原因就略過不表。他的對手是唐·魏瑟蘭騎士（Knight of Tarn Wathelan）。在平原上拔地而起的黑暗城堡前，亞瑟王衝上前去應戰，騎士在亞瑟王身上施了個魔咒，霎時，他和座騎的力量都流失了，心靈的黑色恐懼落在他和天空之間，把他的力量吸掉了，持劍和持盾的手臂都垂到身體兩側，動彈不得。

亞瑟王喘著說：「你……要把我……怎麼樣？」

騎士不殺他，只說：「我有權施行魔法，把你的領土變成我的。」他讓他在七天以內回來，只要能找到「每個女人最渴望的是什麼？」的謎底，就饒他一命，放他自由。

亞瑟王心中充滿羞慚和憤怒，但也只能同意。敲定交易之後，他騎馬出發了。

整個星期他逛來逛去，問每一個碰到的女人，不管是趕鵝姑娘、啤酒屋老闆娘，還是優雅貴婦，都忠心耿耿地記下答案，但也知道那都不是眞的謎底。到了最後一天的早上，他帶著沈重的心情，向騎士的城堡騎去，唯一的活命機會就這樣溜掉了。離城堡不遠，亞瑟王低著頭騎過濃密的叢林，聽到一個非常甜美溫柔的聲音：「我的亞瑟王，上帝要救你，保你一命。」

亞瑟王轉過頭，一個女人身穿艷紅如冬青果的袍子，坐在路邊的一堆土墩上，他以爲她的面容會像聲音一樣甜美，卻大驚失色看到前所未見最可怕的動物！她有一個很長的、長滿贅疣的鼻子彎到一邊，一個多毛的下巴彎到另一邊，只有一隻眼睛，深藏在突兀伸長的眉毛之下，嘴巴像一個說不出形狀的裂縫，灰髮扭曲糾結地垂掛著，手像褐色的爪子，雖然指頭上的珠寶就像王后戴的那麼精緻。

亞瑟王被她的模樣驚呆了，那女士提醒他要有騎士精神。她告訴驚訝的國王，只有她一個人知道答案，但他必須發下重誓，答應她要什麼就給什麼。他很快就答應了。她揮手叫他附耳過來，靠近她嘴唇，悄悄說出了他所尋找的答案。

亞瑟王一聽，鬆了一口氣，謎底竟這麼簡單。

「自主權。」

當亞瑟王贏回了自由，瑞格妮爾夫人（Dame Ragnell）——那位女士的名字——要求他從宮殿裡帶一位圓桌武士給她，要勇敢而有禮貌，娶她回去當妻子。亞瑟王驚嚇地推拒，女士再次提醒他，他欠她一條命，而且已用騎士和國王的承諾跟她交換謎底。

亞瑟王回到宮裡，召集了騎士，把這個星期的冒險告訴大家。他的姪子高文爵士

（Sir Gawain）因爲對國王叔叔忠心耿耿，也因爲善良，自願與那位女士結爲連理。亞瑟王非常羞慚，心情也很沈重，不想讓高文還沒見過她就決定。

於是騎士們第二天早上騎馬入林。有人看到瑞格妮爾夫人就倒胃口，有人當面侮辱她，其他人則惋惜地掉頭，策馬離開。只有高文爵士直視著她，在她可憐的傲慢和抬起頭的醜陋模樣當中，有東西觸動了他，令他想到鹿被獵犬圍困的樣子，在她昏暗的眼光深處有求救的呼喚。

他從馬上跳下來，向她下跪，說：「我的瑞格妮爾夫人，願不願意我做你的丈夫？」

她用獨眼看了他一眼，用非常令人吃驚的甜美聲音說：「高文爵士，先想清楚，你眞願意娶我這個女人？我該給國王姪子當怎樣的妻子？你把我這位新娘帶回皇宮的時候，桂妮薇兒王后（Queen Guinevere）和她那些貴婦會怎麼說？你一定會因爲我而羞慚不已。」然後她傷心地哭起來，看起來更醜了。

「女士，如果我能保護你，也一定可以保護自己。」高文一面說一面看著其他的騎士，臉上有應戰的神色。「女士，請和我一起回城堡，今晚就來慶祝我們的婚禮。」

那天晚上，他們在教堂舉行婚禮，王后站在新娘身旁，亞瑟王當伴郎。蘭斯洛爵士（Sir Lancelot）第一個走來親吻新娘乾癟的臉頰，後頭跟著其他騎士。該祝福這對新人時，所有白頭偕老的話語都卡在喉嚨，說不出來；點頭行禮的女客都盡快地碰碰她的手指，沒法看她或親吻她，只有獵犬卡巴用潤濕而溫暖的舌頭舔她，琥珀色的眼盯著她的臉，完全無視於她的醜陋，因爲狗的眼睛和人的不一樣。

最後，勉強的盛會結束後，新婚夫婦進城堡裡的洞房了。高文坐在火爐旁，深陷在軟椅子中，瞪著火燄。忽然有風把燭火吹向一邊。牆上掛的動物被吹動，好像活了起來。他彷彿聽見非常遙遠的某地，好似從魔咒森林的深處，有號角微弱的回音。

高文爵士轉頭看，驚訝地跳起來，因爲在燭光和燭台之間，站著一位他所見過最美麗的女子。「夫人，」他只敢喘半口大氣，不確定自己是醒是夢。「你是誰？我妻子瑞格妮爾夫人在哪裡？」

「我就是你的妻子，就是你在橡樹和冬青之間發現的那位女士，也是今晚你所娶的女子。」

「但是——但是我不懂。」高文爵士結結巴巴：「你變了好多。」

「是的。」夫人說：「我變了，不是嗎？我過去被魔咒制住了，現在只解除了一部分，有一點時間用我眞正的模樣跟你在一起，我的老爺還滿意新娘嗎？」

他伸手把她摟進懷裡：「滿意？噢，我最親愛的，我是全世界最快樂的男人了，我以爲我只是挽救了國王叔叔的榮譽，沒料到卻得到了我心裡想要的東西。」

過一會兒，夫人把手放下，搭在他的胸膛上，溫柔地纏住他，說：「現在你有個很困難的選擇：因爲你娶了我，魔咒就解除了一半，但不過是一半。」

她現在可以用自然的樣子出現，但只有半天，高文爵士必須選擇他要她白天美、晚上醜，還是晚上美、白天醜。

「這個決定眞的好難。」高文爵士想了想，「噢，我親愛的，就白天醜，跟我在一起的時候美吧！」

瑞格妮爾夫人說：「這就是你的選擇？我要在王后和貴婦人面前現醜，忍受她們的侮弄和憐憫？噢，高文爵士，這就是你的愛？」

高文爵士低下頭來，「不是不是，我剛才只爲自己著想。如果能讓你開心，就白天美，在宮殿佔有一席之地吧，晚上我在黑暗中聽你柔美的聲音也心甘情願。」

「這眞是個情人的答案！」瑞格妮爾夫人說，「我會對你很公平，倒不只爲了宮廷和白天的世界，這對我的意義沒有對你那麼大。」

高文說：「無論怎麼做，都是你比較苦；你是女人，對這種事比我更有智慧。你自己做主吧，親愛的，無論你選了什麼，我都無二話可說。」

瑞格妮爾夫人彎下頭，伏在他的肩頸又哭又笑：「噢，高文，我親愛的老爺，現在你看到，是我必須做出選擇了，你給了我一條**自己的路**，又給我自主權，正是原來謎語的解答，你已完全破除魔咒，我不受束縛，白天黑夜都可以做我自己了。」

高文和瑞格妮爾快樂地生活了七年，但七年後，她離開了，沒人知道她的去向，高文心上有一些東西也跟著她一起離開了。

自主權

讓我們來看看高文故事核心的神祕珍寶，就是自主權的觀念，也就是「女人最渴望的是什麼」的謎底。

自主權挽救了亞瑟王的命運，而從高文對瑞格妮爾深刻同理心而來的更深的自主權感受，解決（其實是銷融）了一個想破頭也解決不了的難題。他把選擇權交還給她，給予（accord 字面上的意義是將心打開）她自主權，轉變就發生了。

這是帶著正念做父母的關鍵，尊重孩子的自主權，他們因此可以展現「眞實面目」，並且找到自己該走的路。長大成人的過程中，這兩者都不可或缺。

有多少次，孩子好像受制於自己的魔咒，心思渙散，鬼迷心竅，突然變成了魔鬼、巫婆、洞窟侏儒、食人魔、小妖精？父母能不能在這些時刻看穿表相，重新看到孩子眞正的生命？我們可不可以在內心留一些空間愛他們的眞實面目，他們也不必爲了取悅我們而改變？有多少次，我們陷在自己的魔咒中，對孩子展現出野蠻的一面？我們有多渴望他人能接受我們的眞實面目，找到一條自己的生命之道？

瑪麗・派佛（Mary Pipher）在《拯救奧菲莉亞》（*Reviving Ophelia*）一書中指出，在她替女人做心理治療時，佛洛伊德明知故問式的問題「女人想要什麼？」一再出現，雖然她們都要一些「不一樣的東西，特別的東西……但每一個女人同時都要同樣的東西——做眞實的自己，成爲她能成爲的自己」。

如果自主權是做眞實的自己，成爲自己所能成爲的人，那麼，自主權可以是一個更大謎題「每一個人心裡最想要的是什麼？」的謎底，甚至「每一個人最理應得到是什麼？」的謎底。

擁有自主權非常有力，但我們理解的自主權不是向外尋求權力，它可以看成是佛教觀念中的**佛性**（這是用另一種方式來指稱我們的眞實自我），佛陀的形象代表一種心智和心靈的體現，說是連上自我、自覺、了知、醒覺最爲恰當。我們每一個人的心和佛陀的心基本上是相同的，人類最深刻的功課，就是認識基本的一體，佛性在萬事萬物之中，每一件事物本來就很完美、很獨特，而且沒有一件事物和整體分離、隔絕，所以每一個人的眞實本性就是佛性。因此每個人都是相同的，其眞實本性就是自主權，我們只須認識並尊重他人、衆生、孩子和自己的自主權。

當然，「只須認識」並非易事，這是終身的功課。我們可能不知道最基本的東西、自己的本質、最深的召喚，也可能與它們失聯了。只要我們不認識自己眞正的本質，跟它離得老遠，便會引起自己和他人許多痛苦。

有時，人稱覺者佛陀為「對自己擁有自主權的人」，我們隨波逐流、內心散漫，失去自我。行禪幫助我們重新掌握自主權，也就是人的自由。我們用優雅和尊嚴行走，如帝王，如獅子。每一步都是生命。

——一行禪師，《行長路的喜樂》（*The Long Road Turns to Joy*）

我們如何尊重人們最深刻的內心，象徵性地反映在彼此行禮鞠躬問候的習慣。許多國家的人並不握手行禮，而是合掌放在心口，稍微向對方欠身，意思是「我向你們內在的神性行禮」[1]，這象徵彼此都認識到人類天生本具的完整性、最深刻且最基本的、已有也一直存在的東西。你是從自己的眞實本質向他們的眞實本質行禮，你記得在最深刻的層次，我們是一體而且完全相同，即使我們在其他的層次認識到，我們雖是這樣的一體卻表現出各不相同、獨特的面貌。有時候，人們向貓狗行禮，有時候向樹木花草，有時候向風雨，有時候，貓狗、樹木花草、風雨也會回禮，因爲萬事萬物都有天生本具的

1：此處應指 Namaste，乃合十禮的意思，是印度和尼泊爾地區人與人相互問候的方式。在梵語中，namas 指鞠躬、敬禮、虔敬的致意，te代表向您。握手是人和人之間的問候方式，人不能伸手向神致意，但卻可以通過合十禮向對方心中的神性致意。

本質，並在整體中有一席之地，彼此之間的關係都是相互的；我（喬）喜歡以這種感覺向小寶寶行禮，有時候我在他們睡著的時候行禮，但大半是行內心的禮。

認識自己的美麗和完整性
並召喚出他人的美麗和完整性

在不同的年齡，不同的孩子，不同的情況，父母根據自主權做出的選擇也不同，但願不會改變的是我們決心要認識並尊重孩子的基本特質和天賦權利。我們要記著並且信任孩子的自主權、天生本具的善和美，即使在我們最感受不到或它最不彰顯的時候。

就像每個父母都知道，或很快就會發現，每一個孩子來到這個世界上，都帶著自己的特質、性格和天資，父母需要認識其獨特性，而且尊重，給予空間讓孩子當他們原本的樣子，而不是努力改變他們，畢竟我們自己要改變都很難了。孩子的本質已在不斷改變了，父母這樣的覺知，正可以給他們空間，讓他們得以用最適合自己的方式成長與改變，那是無法透過我們的意志強加於他們的。

孩子有天賦自主權，完美生成他們原本的樣子。自主權在人類的特質中非常重要，我們會從生活經驗中加深對自主權的感覺和運用，從小時候受到什麼樣的對待開始，而我們對自己和他人自主權的知悉和感受，也可能因爲疏忽或傷害而凋萎。

我們所謂的自主權是這麼深刻、這麼根深柢固、這麼重要，是人類本質這麼不可分割的一部分，因爲那就是我們的眞實本質。有時候是父母以外的人看到孩子的眞實面目，給他仁慈和鼓舞、感謝和接納，而成爲孩子生命中的關鍵性角色，這說明了爲何有些人會感謝一個特別的人，對方給他們肯定和鼓舞，讓他們有今天，成爲生命中成功的源頭。

能認識自己的完整性，並喚出他人的美麗和完整性——由這樣的人來帶領兒童和青少年，是健康社會中成人的神聖責任。

當孩子本著內在力量和信心學習接觸世界、對自己有信心，知道自己有人愛而且值得被愛，知道他人**如實接受自己的本來面目**，那麼，孩子就能更深刻體驗自主權。

孩子天生就有自主權這個觀念很容易被誤認爲：我們應該視孩子爲國王或皇后，飯來張口，茶來伸手。不是的。事實上，這是不了解自主權。給孩子自主權，並不是讓他們猖狂橫行，或加強一種「僞自尊」，跟他們的行徑和眞正體驗失聯；不是他們愛做什麼就做什麼、做什麼都沒關係；更不是要什麼有什麼，讓爲孩子可以隨心所欲。

自主權，即一個人的眞實本質，是人類生命的普世品質，最重要的，它是一個機會，讓我們了解什麼才是眞實的本質、如何表現出來。孩子享有自主權，其他人也是，包括父母。

要培養孩子的自主權，讓他們知道自己的路，我們必須自問：「如何尊重孩子的自主權，同時也尊重自己的自主權？」我們如何幫助孩子各方面成長，感知自己的整體性，從中學習如何平衡而且有信心？我們如何鼓勵他們看到並尊重他人的自主權？

每個人的自主權都與其他人的自主權相互依存、連結，因爲每個人都是廣大整體的一部分，我們做的每件事都影響他人。

親子關係有很大的不對稱，成人要爲孩子負責任，孩子理應得到父母和其他成人的愛、照顧、保護。我們不可能仰望孩子來滿足自己情緒的需要而不辜負他們。我們必須仰仗自己和其他成人才對，但是我們的確時時沐浴在孩子自願用生命所給予我們的無限幸福。

如前所述，內心成長和發現旅程的一個工具就是正念，我們可用兩種互補的方式來培養：一是日常生活各方面的專注，另一是每日的禪修訓練，也就是找一段時間停下來，在沉靜中觀察每一刻的身心活動。只要我們用這兩種或其中一種方法把正念融入日常生活，也融入我們「眞實面目」的探索，那麼，只要我們給孩子自主權，也會感知自己自主權的本質。

尊重孩子的自主權
就是接受不同階段和不同性格的現實

父母必須尊重孩子，有什麼意義？走自己的路到底是什麼意思？眞正的道路是什麼？成人和孩子怎樣體驗自主權？有著天差地別性格的孩子，在不同年齡和人生階段又會如何體驗自主權？

尊重孩子的自主權就是接受不同階段和不同性格的現實，也意味小寶寶送出訊息，有人回應了，因爲我們是小寶寶跟世界主要的交流介面。如果小寶寶哭了，我們把她抱起來，我們出現在她跟前，我們聽見她了，我們想給她舒適和幸福感，這樣一來，我們尊重了她想要世界回應她的權力。我們應該給予她那種尊重，並且告訴她世界是會回應的，世界有她的一席之地，她有所歸屬。不管我們在任何一刻想不想這麼做，都要刻意地練習。

給予孩子自主權可以是一棟對孩子很安全的屋子，這樣學步兒可以安全地自由自在探索四周的環境；而即使在相當安全的環境中，還是要經常注意學步兒，這也是給她自主權，是一種尊重、一種宣告，表示孩子理應得到一臂之遙內的警覺注意。家有學步兒的父母，都已培養出第六感，知道什麼時候玻璃杯太靠近桌緣，就算是正在跟另外一個人說話，也會在孩子抓到杯子以前把它移開。

另一方面，要是孩子探索時，我們一直用恐嚇，像是「別這樣，你會受傷的！」就會破壞孩子的信心，也把我們的恐懼灌輸給她。換個方式，安靜地幫助孩子或帶她走開，同時讓她繼續探險去，切記不要把恐懼注入她大膽的探索當中。

青少年會選擇如何表現自己或直率表達意見，給予他們自主權就是願意穿透他們的表相，因爲他們那種內在權力的表達，常常會嚇到年長的人，讓人產生排斥，以致無法看到潛藏的良善。我們聆聽，努力了解並欣賞他們的觀點、洞察力、技術和力量，給他們自主權，也努力跟上這個時代加諸在青少年身上的巨大力量，意思是我們知道什麼時候保持緘默，不管他們，知道什麼時候伸出援手，用或不用言語，尊重他們日漸增加的自主權。有時則是慈愛而堅定地明確設限，並嚴格堅持。

就像瑞格妮爾夫人，我們的眞實本質並不是一直都很明顯。每時每刻的覺知，能使我們淸楚看穿表相的面紗，爲孩子好而採取行動。我們不可能單靠一個樂觀的行動，就完全開展出自己的自主權，也不能把自主權完全交給另一個人，不管那個行動或時刻多重要。兩者都要用開放、洞察的心，持續不斷、熱情地擁抱當下。

我們常質疑自己的自主權，或覺得自己和孩子的自主權互相衝突，每一天都感覺到各式各樣的挑戰，換句話說，做父母有時的確很耗損，一直是份艱苦的工作，跟正念一樣。但如前所述，這是一種訓練、一個持續的召喚，要我們記得置身當下，看到並接納孩子的眞實面目，同時把我們最好的一部分與他們同在，與他們分享。

請記住，不能全靠思考來解決所有問題，因爲生命裡還有其他同樣重要的智慧在運作，父母需要嫻熟這種智慧，才能幫助孩子也展現出這種智慧。其中一個就是**同理心**。高文**感覺**到瑞格妮爾夫人內心的什麼，他信任自己的感覺——可稱爲他的本能、他的心靈——因而穿透了表相，穿透了非黑即白的思考面紗。只有放下，不再執著非要某種結果，並且接受這個兩難情況**和**瑞格妮爾的自主權，就在那個當下，機會浮現了，而由於這個機會，原來看起來毫無可能的解放也出現了。

如果每一刻都是成長的機會，是誠實對待自己的機會，都是看我們如何看待、保有這一刻，而引導我們走向無數下一刻的分支點，那麼，此刻給予孩子自主權，在彼時、彼處，孩子的眞實本質就會浮現出來，被看到，被默默地禮讚。這樣一來，成長中孩子就會有自我接納、自尊、自信，並信任自己眞實本質，一切逐漸生根、發育、成熟。同理心和接納的力量很巨大，能深度轉化接受的人和給予的人。最重要的，將正念融入父母之道的核心就是，細密滋養孩子的自主權，懷著同理心和接納來尊重自主權。

以下是一個絕佳範例，我們看到一位父親如何把自主權送給孩子當禮物。

「爹地一定會很生氣。」我媽媽說。那是一九三八年，在貓溪山（Catskill Mountains）的民宿。燠熱的星期五下午，三個九歲的城市男生把在鄉下該做的事都做光了，抓了青蛙，採了藍莓，在夠冷的水中發抖，我們在這個無聊下午需要的，就是一些行動。

阿弟、伊力跟我躲在涼爽的「賭場」裡，想著還有什麼可玩的，這是住宿的客人每晚玩賓果遊戲和偶而碰上巡迴魔術表演的小屋子。

漸漸，有個靈感跑了出來：賭場太新了，木框和石膏板太漂亮了，我們要弄一點看不出來的破壞，留下無名的記號，永遠！當然，想都沒想會有什麼後果。

我們一開始拿了個長木凳，像個攻城槌，重重地撞牆，撞出一個很棒的洞，但好小，於是我們再撞一遍，又一遍……。後來我們重重喘著氣，流著英雄的汗，檢查首次痛痛快快的破壞，過程很爽，我們簡直鬼迷心竅了，結果石膏板一塊完整的也不剩了。還來不及有一絲後悔，房東比歐羅斯先生出現在門口，怒氣沖天：等晚上男士們從城裡回來，他—要—告—訴—我—們—的—爸—爸！

接著他告訴了我們的媽媽。我媽媽覺得我太離譜了，她要交給爸爸去懲罰，「還有，」她說：「爸爸知道了，一定會很生氣的。」

六點鐘，比歐羅斯先生等在車道上，冷酷地等爸爸們現身，在他身後，前面門廊擠滿了義憤填膺的人，像票都賣光的露天看台，他們看過玩賓果遊戲的皇宮，知道整個夏天都得忍受那種殘破局面，他們也要討回公道。

阿弟、伊力和我各自發現門廊上有不顯眼的地方可站，小心和其他兩人保持距離。

阿弟的爸爸先回來，比歐羅斯先生告訴他，又給他看破壞的現場。他很小心把皮帶取下，很熟練地惡毒抽打哭叫的阿弟。以前很友善、現在很醜惡的人們頻頻讚許。

伊力的爸爸第二個回來。他氣瘋了，把兒子推倒，當頭打了一記。當伊力躺在草地上哭，他又朝他腿上、臀部、背部踢。伊力想爬起來，他繼續踢他。

我想知道我爸爸會怎麼做？這輩子他還沒打過我。我看過一些同學的瘀傷，甚至晚上聽到某座房子傳出尖叫，但都是那種小孩、那種家庭。為什麼有瘀傷，又是怎麼弄的，對我都是灰暗的抽象觀念；現在可不是了。

我看了看媽媽，她很生氣，早先她很清楚告訴我，我犯下一種特別的罪，這是不是表示我死定了？

是我爸爸開著雪佛萊回來了。他停下時剛好看到伊力的爸爸拖著他走上門廊的階梯，進入房子。他走出車子，我害怕得都發昏了，比歐羅斯先生開始講話，爸爸聽著，襯衫都汗濕了，一塊潮濕的手帕拖在脖子上，他一直不太適應潮濕的氣候。我望著他隨比歐羅斯先生進了賭場，我堅強而剛正、又熱又困惑的爸爸，到底會怎麼想這整件事？

他們出來的時候，我爸爸看了我媽一眼，用嘴形無聲說：「哈囉。」然後他眼睛找到我，瞪了我好一會兒，沒有表情。我想讀出他眼睛要說什麼，但他轉開去看那群人了，一張張想看熱鬧的面孔。

然後，他居然上車，開走了！沒人想得到他跑到哪裡去了，媽媽也不知道。

一小時後，他回來了，車頂綁著一疊大塊的石膏板。他下車，手裡拿著一個紙袋，一個槌子伸出頭，他一句話也不說，把石膏板卸下，一塊一塊搬到賭場裡去。

他那一晚沒有出來過。

媽媽和我吃晚餐都沒說話，後來整個星期五晚上，甚至我上床後好久還都聽到，每個人都聽到，槌子持續砰砰砰砰的聲音，我想像爸爸流著汗，沒吃晚餐，沒陪媽媽，越來越氣我。明天會不會是我的最後一天呀？我到半夜三點才睡著。

第二天早上，爸爸沒提起一句昨天晚上的事，也沒有表現出一絲一毫的憤怒或責怪。這一天沒什麼特別，嗯，其實是過了個平常但甜蜜的週末。

他氣我嗎？我敢說一定氣，他那一代的人責罰子女就像上帝賦予的權力，但他知道「揍小孩」就是打人，打人就是犯罪。他也知道，孩子挨打了，總是只記得疼痛而忘了原因。

多年以後，我也意識到，他想不出他怎麼可能侮辱我；也無法像其他父親，演出一場報復給人看的好戲。

但是我父親也表明了立場，我永遠不會忘記那個八月下午自己的行為是多麼可惡。

我永遠不會忘記，那也是我知道我能多信任他的一天。

——梅爾．拉薩若斯（Mell Lazarus），《母媽》（*Moma*）和《桃子小姐》（*Miss Peach*）漫畫家、小說家

摘自紐約時報週日版，一九九五年五月二十八日

同理心

高文爵士能解開瑞格妮爾夫人受制的魔咒，同理心是關鍵，他能感受到她的痛苦，在她眼中瞥見超越表相的美，雖然一時看不出，但「在她可憐的傲慢和抬起醜陋頭部的模樣當中，有東西觸動了他，令他想到鹿被獵犬圍困的樣子，在她昏暗的眼光深處有求救的呼喚。」

城堡裡的獵犬象徵著深情的同理心，有時候讓人類羞慚。「只有獵犬卡巴用潤濕而溫暖的舌頭舔她，琥珀色的眼睛盯著她的臉，完全無視於她的醜陋，因為狗的眼睛和人的不一樣。」貓狗也可以教我們自主權、同理心和接納，和貓狗共住，牠們可提供我們基本課程，養育小孩則是高階訓練，不管準備好了沒有，我們都註了册。其實有誰準備好的？

培養同理心
是努力從孩子的觀點來看待事情

對許多人來說，最深的嚮往就是家人看見他們，接納他們的眞實面目，希望得到慈悲、理解和尊重的對待，給予自由、安全、隱私和歸屬感。這都決定於父母多有同理心。孩子受傷的時候，非常容易生起同理心，要是他亂踢、亂扔東西、大哭大鬧就比較難了，要是他的興趣或觀點和我們的有所衝突也難。因此，懷有更廣大的同理心，是必須刻意培養的。

培養同理心，是努力從孩子的觀點來看事情。我們努力了解他或她的感覺和體驗，懷著同情，覺知每一刻所發生的現象，包括覺知自己的感受。

對一個新生的寶寶生起同理心是什麼感覺？想像她剛降臨這個世界、跟她生活了九個月大不相同的地方，是什麼感覺？我們可以從子宮開始想像，那個溫暖、潮濕、保護得好好的，一直有著節奏聲音，有一種受到包容、被抱著、被搖的感覺……一種渾然無分別的整體，不缺什麼，不少什麼。

這一封信是十九歲的大男生在母親節寫給他母親的，他給了我們對這個世界由衷的一瞥：

打從心底送給你平靜和力量。九個月最甜美的修行。在修行之水中，我如魚呼吸。食物如此純淨，用不著嘴巴和喉嚨……幸福。

我們出生的時候，離開了和諧環境，進入一個全新且完全不同的世界，可能有刺眼的燈光和冷冽的空氣，可能聽到大聲的、始料未及的聲音，皮膚上感到粗粗硬硬的，我們第一次感覺饑餓，這一切都是未加工過的、純粹的體驗，未經過濾，不知道任何事。想一想，你被猛一推到陌生的環境，全要靠當地人了解你的語言，對你整個生命和每一刻的需要，能夠感同身受而且回應。

你要選擇怎樣的經驗品質：冷冷的氯丁橡膠奶嘴，還是要溫熱、柔軟、味道甜美的乳房？要被充滿愛的手臂溫柔環抱，還是躺在搖籃或塑膠嬰兒椅中？自己一個人哭到睡著，還是一哭就有人抱起你，給你媽媽的乳房，屁股濕了換尿布讓你感覺溫暖乾燥，或者搖著你唱歌給你聽？

要看到小寶寶是完全有感覺、有經驗的生命，爲什麼這麼難？我們從不會忽視朋友或情人、甚至陌生人的哭泣，爲什麼可以讓小寶寶「大哭特哭」？我們跟小寶寶的苦惱保持距離時，到底在抗拒什麼，還是保護自己什麼？

當然，有一件事我們會護著自己不去做的，就是更多的努力。父母若要在短期間每一刻都回應，是密集勞力。跟小寶寶的身體語言調到同頻、嘗試不同的花樣、小心不要反應不足或反應過度、抱他，安撫、哼唱都需要時間和精力，往往還會打斷我們的睡眠。既要對孩子有同理心，又能滿足自己的需要，當然容易些；要是我們感到他們的需要跟我們的有所衝突，眞正的考驗就來了。

在這樣的情形下，不抱同理心也是保護自己不受到痛苦，那種小時候身體和情緒的需要沒得到回應的痛苦。對孩子的脆弱生起同理心，會提醒我們自己的弱點，很痛苦。

大人有一個方法可以逃避小時候的痛苦，就是回復到嬰兒時的應付機制，許多嬰兒若沒有得到回應，就將情緒關閉、退縮、與外界隔絕。如果這就是我們小時候學到如何處理痛苦和沮喪的方法，長大成人以後也還會如此，可能是完全自動，而且在覺知層次以下。我們的回應沒有跟小寶寶和自己的感受調到同頻，反而忽視或貶低這些感受，用「孩子很堅強，她總會學會的」、「哭一哭無傷大雅」、「我們不想寵壞她」，讓自己的行爲看起來很合理。然後，我們去找食物、酒或毒品、看電視或報紙，來撫平自己，隔絕痛苦。

我們也許還不知道，那強而有力的內心力量，可以伸展得比這個逃避工具還遠。在這樣的時刻裡，能懷著同理心跟孩子調到同頻並連結起來，會是一個健康的選擇，親子雙方都會更滿足。如果我們充分準備要把自己交付給這深刻的召喚，即使在童年沒學到，小嬰兒和小孩子仍可以從我們最深沉的心靈中召喚出這些原始的能力。

親子之間長時間缺乏同頻，對孩子有巨大影響。只要父母一直沒有對孩子某一情緒範圍內——喜悅、哭泣、需要擁抱——表現出同理心，孩子會不再表達，甚至不再感受同樣的情緒。這樣一來，整個情緒會自孩子的親密關係範圍中除去，若是童年中，這些感情一直受到變相或過份的壓抑，更是如此。

——丹尼爾・高曼，《EQ》（Emotional Intelligence）

根據高曼引用研究學者和病理學家丹尼爾・史登（Daniel Stern）[1]的話，親子之間小小的、一再重複的互動，會形成最基本情緒生活的基礎。

從這樣的觀點來看，哭了十分鐘以後就睡著的「好」寶寶，也許是個學到放棄的小寶寶；而放棄，難道是我們想教孩子的嗎？難道我們希望孩子適應了自己想要的都得不到滿足，才發展出「獨立」嗎？難道我們希望孩子在情緒上封閉起來，或不再生氣勃發、心靈開放嗎？還是，我們希望教孩子：他們的感受很重要，我們會回應他們，他們可以信任、相信有人會對他們的需要感同身受，而且他們盡量開放、表達、要求自己所需要的，跟人**相互依存**，都是很安全的？

1：1934-2012，專門研究嬰兒發展，他在 1985 和 1995 年的重要研究，橋接了心理分析和以研究為基礎的發展模型。

即使遭到孩子拒絕仍要懷抱著同理心，與他同在

當嬰兒長成學步兒，開始探索這個世界，他們對四周的事物有一種自然的好奇心和快樂，他們想做現在還做不到的事，卻受限於還沒具備技巧，世界會讓他們很挫折。因此，當他們繼續探險時，需要一個愛他們、關心他們的人。學步兒靠父母的敏感和理解來創造一個環境（如果是褓姆，則是選擇一個環境），可以餵養他們的好奇心，給予他們自由，安全地探索並發掘，同時提供他們所需要的溫暖和安全。

當孩子長得更大了，同理心就不那麼具象了，雖然有時候他們最需要的是一個靜靜的擁抱，或握著他們的手。較大的孩子給我們的暗示可能不太清楚而且很難了解。有時前一天或前一分鐘，他們還非常親切，跟你講很多話，但下一分鐘或隔天，他可能就生氣了，或者根本不跟你講話。

我們和孩子溝通的能力，甚至溝通的可能，多半要靠我們對孩子持續而堅強的決心，甚至在他質疑和我們的關係，或者拒絕我們提議或詢問的情況之下，仍然堅持下去。

要在遭拒的時候仍然懷有同理心，就不能讓受傷的感覺擋住自己，因爲如此一來，就看不到孩子感覺的痛苦。孩子必須多多少少感覺我們仍跟他們有所連結，無論怎樣令我們反感的魔咒降臨到他們身上，無論他們罩上了怎樣黑暗的僞裝。父母堅持正念，並

非想控制他們、或把他們擋下來、或爲自己的需要去依附他們，而是決心要適切地與他們同在、讓他們知道自己並不孤獨、他們沒有與自己的眞實面目失聯，而且他們對我們很重要。

我們覺得失落、悲哀、像隻癩蛤蟆時，知道最親近的人還是我們的盟友，還是能看到我們基本的自我，不是很有幫助嗎？所以，父母有責任繼續重建而且重新恢復親子關係，這要花時間、全心注意、下決心。如果我們一直缺席，或者身體在，注意力和心不在，孩子就不會感到那份信任和親近，或者告訴我們他們正面對什麼問題。

孩子有一種很棒的能力，就是直指問題的核心。朋友告訴我們以下的故事，她女兒八歲的時候，有一天晚上她坐在女兒床邊，女兒突如其來地害怕強盜或綁匪，好多年來要上床睡覺的時候，恐懼都會浮現出來。媽媽坐在床上，聆聽，在內心掙扎，想跟孩子保證沒什麼好怕的，同時又知道女兒若一直都很擔心，說理是沒用的。

她決定採取不同的策略，於是告訴女兒，她小時候也一樣怕黑夜，小女孩一本正經地望著媽媽說：「你也怕啊？」她點頭回答，女兒想了一下，然後很嚴肅地問：「你能不能告訴你的媽咪？」她媽媽停了一下，回想她小時候，說：「我不行。」

她女兒才八歲就直接體驗到，把感受告訴親近的人有多重要。她知道父母敞開心懷接納、懷著同理心與她同在，是什麼感覺。她的恐懼不會被隨便打發，不會受到取笑，或被貶爲無關緊要。她陷入這種恐懼時，毫不猶豫就可以很安全地告訴媽媽，不必自己一個人活在恐懼裡。

我們這些父母若能在孩子傾訴麻煩事時，把正念融入思考和感情，便會更認識自己。如果我們能觀察到自己因某種感情而不自在、有衝動需要平復、排除或貶低某種顧慮或恐懼，就有機會改善自動反應行爲，做個更具同理心、更支持孩子的父母。

有時候，我們需要以關懷的態度聆聽、懷著同理心和回應時，結果反而用自己的強烈的情緒和反應淹沒孩子，她可能會覺得她要反過來照顧我們。

如果我們以正念觀照，發現我們正流向原不想流過去的支流，就會看到正在發生什麼事，停下來，也許還可以轉變航道，流向另一航道。這種時時刻刻的敏感度，讓我們知道能量流向哪裡。它提醒我們，我們有所選擇，也可以自覺地決定，什麼時候該說出自己的感受，什麼時候不需要說出，說出了甚至會搞砸事情。我們可以從內在的聆聽來學習，什麼時候該伸出援手，什麼時候放任事情自然而然，什麼時候說話，什麼時候保持緘默，如何在靜默中與孩子同在，讓孩子感覺我們懷著同理心與他同在，而不是拒絕或撤退。沒有人可以教我們這些事，我們必須從自己的體驗、從注意收到的每一個線索和暗示，也從自己來來去去的心理狀態來學習。

懷著同理心不斷編織並重建親子連結，是懷著正念做父母的基礎。若能從孩子的觀點來看事情，我們便可據此做出決定，並對每一個時刻所發生的事，都懷著同情心與孩子同在。

接納

帶著正念做父母的第三個要素：接納，同時可增強自主權和同理心。這三個要素互補且緊密連結，可看成等邊三角形的三個邊。接納是一個內在的傾向，認識並承認事情原原本本的樣子，跟我們想要它們怎樣、不想要它們怎樣無關，不管它們有時如何可怕，或顯得如何可怕。就算你覺得在道理上說得通，在日常生活裡實行並不容易。正念修行就是在當下的人我關係中培養覺知，注意我們在對抗的原原本本樣子。

高文接受瑞格妮爾的眞正面目，梅爾・拉薩若斯的父親接受小男孩做了就做了，這樣一來，他看到下一刻需要他做些新的、更進一步療癒、完成和尊重的事。如實接納，是選擇**如何**與眞實狀況相處的能力。接納並不是被動的讓位或被擊敗。正如自主權不是有資格肆無忌憚、爲所欲爲，接納也不代表孩子做什麼都可以，即使我們對孩子說得很清楚，某些行爲絕對不可以，他們還是可以感覺我們完全接納他們。接納是一扇門，如果我們決定打開，就會有新的做法和新的可能。正念是培養接納的關鍵，即使只培養少量都需要正念，所以努力接納本身就是一種修行，這修行的一部分就是，當事情不順心時，覺知我們感到多少抗拒，在這種情況下，會生起各種潛藏的情緒，包括挫折感和憤怒。只要我們仁慈而清明地處理痛苦的情緒，就可能迎來一個弔詭的機會和鬆脫的線頭。尤其是，不要把事情當成衝著我們個人來，沒有所謂衝著個人來的這種事。

我（麥菈）跟兩個女兒在鞋店，一個四歲，一個還是嬰兒。四歲的需要新鞋，卻沒看到一雙適合的，我們要離開時，她開始大喊大叫，抓了展示架的鞋，不肯走。我抱著小嬰兒，抓了她的手，請店員把她抓的那隻鞋拿走，拔河開始了，我感到生氣、無助，又失去控制。終於出了店門，她還在哭喊，臉色通紅，因爲沒買到新鞋，她撒野、暴怒，好不容易把她弄上車裡的嬰兒座椅，她踢到半開的車門，側邊的塑膠面板都裂了。

當時，我對她的強烈反應完全負荷不了，我很生氣，也不怎麼同情。我雖然不特別有同理心，卻也沒有破口開罵，我全心全意努力把她弄回家，免得她傷到人。直到後來，我想了解到底發生了什麼事，把所有線索拼湊起來，才看到事件眞相，而且同情起她。

五花八門的可能原因包括：她太累了、餓了、對店裡皮革製品的氣味有反應，加上沒能得到她想要的東西很沮喪，更糟的是，這個時期，她得跟小妹妹一起分享媽媽。

我們有很多不同方式來看待孩子「麻煩」的行爲。別人完全不能接受的，對我可能完全正常；反之亦然。我們往往只鎖定一種方式來看事情，受到未經檢驗的觀點和感情的制約，把社會禮儀、別人怎麼想、我們覺得多糗等等放在孩子的情緒健康之上。

在這樣的時刻中，我們很容易覺得被孩子控制或操縱，完全無助，還很生氣，因此不加思索就開罵，想堅持自主權，重新掌控情況。

父母會碰到很多這樣的情況，尤其是孩子幼小的時候，也就讓我們有許多機會來處理我們的反應模式，用覺知和洞察力發展出更適合、更滋養的情緒反應。

對自己的情緒反應懷著正念，並在日常責任之餘加上少量禪修，便能更有覺知、看得更清楚。禪修可做爲一種實驗室，在其中，我們讓自己熟悉內心狀態、感受狀態及它們如何影響我們。這給我們無限的機會，觀察自己每一刻生起的念頭和感受，視它們爲內心的客觀事件，好像氣候模式，我們不必一定要用某種方式來反應，或者一定要反應。覺知情緒，只是自覺地承認它們存在，我們僅僅接受，或者有點不那麼甘心接受，總之，它們不過是當時的感受，無論喜歡與否，都不要評斷它，這通常意味不去評斷我們其實正在評斷。

當我們學著觀察並接受自己龐大的感受，包括非常洶湧澎湃的感受，努力更具有正念，自然更能覺知他人的感受，尤其是孩子的。我們逐漸了解感受的整體景觀和變動的本質，便會更具同情心，也比較不會覺得事情是衝著我們個人而來。我們更能接受孩子的體驗和感受，即便不喜歡他們的行爲也能接受。這樣一來，我們便走出有限的領域，不因一己感受和觀點的執著而與孩子隔絕。

孩子會給我們無數的機會練習穿過情緒反應面紗，來看待並接受事實眞相，然後盡力基於自己對於全局的了解來行事。

帶著覺知，專注當下
通常可以發現孩子最需要的是什麼

我們如何看待事情，會將我們的決定上色。小寶寶哭了，我們會把她看成故意左右我們，還是單純表達她不舒服了？小寶寶開始爬，探索四周的世界，我們是把停不下來的好奇心當成聰明、力量、精神的跡象，還是威脅到我們的控制權？或等他們長得更大了，就當成不服從的行爲？當兒子離譜地捉弄妹妹，或是青少年期的女兒悶悶不樂，跟你疏遠，挑毛病，要求又多，或者孩子生氣，威脅說要離家出走，你又怎麼看待？

接納孩子的眞實面目，聽起來好容易，但我們多常在那種時刻，想要孩子表現、看起來不同於他們眞正的樣子？我們多常希望他們變成或看起來，或符合他們在另一時刻、另一時期的樣子，不管有多少證據顯示此地、此時事情不是我們想要的樣子、事情卻不可否認地就是那個樣子，而我們就是不肯接受？

當我們感到事情失控，會有衝動要用些方法來「訓導」罪犯，恢復秩序。「壞」行爲之後施加訓導的循環裡，常常是對孩子的際遇缺乏同理心。往往沒能及時利用困局引生出親子之間更廣闊的理解和更深刻的連結，反而製造出距離和隔閡。

另一個選項就是，一個分際更不清楚的過程，沒有固定的公式，但我們可以說，這都從那個時刻敞開心靈、以新鮮的眼光重新看孩子開始。只要我們努力這樣做，往往會發現，我們的觀點是被自己的需要、恐懼和期望、當時內在力量的多寡上了色。還加上，我們要不是過濾了視野，把所有事物都上色，要不就是完全遮蔽了視野，無論是哪一種情形，我們都看不到大局了，只看得到特定的顏色和特定細節。不完整的視野使我們習慣性地評斷孩子的行爲，加上負面標籤，也使我們怒氣持續、情緒上疏離。

如果我們將正念融入這些失卻正確觀點或清明的時刻，讓自己全心全意在當下，也許用呼吸在身體裡找到重心，同時再仔細看一下孩子究竟是怎麼回事，常常會發現，我們只對表相反應，其實表相下還有更多。如果我們假設孩子的「麻煩」行爲下有潛藏的原因，即使一時看不到也不明白，我們還是會更同情、更接納一點。

我們如何看待此刻發生的事，是批判和非難，還是敞開心靈去看表相之下，都強烈影響親子關係。

看到孩子有搗亂行爲時，只要能把慣性、常帶批判的方式放到一邊，很可能會看到粗野、大聲、憤怒的行爲並不見得「負面」。有時候，孩子發洩是爲了重新得到平衡，他們可能覺得受限於學校或某種工作的要求，因此精力、生命力、權力需要一個出口。

這麼多年下來，當孩子特別狂野、傻氣、亂來，或總是挑戰，我（麥菈）就看成是發洩，讓他們發出來而不是悶在裡頭。有時候孩子會有一股無法控制的精力必須爆發，也有些時候，他們會表達出深刻的地下情緒，甚至崩潰、嘶喊、哭鬧、腳踢、拳打，我把這看成是健康而正常的釋放，發展出正確的觀點，不會硬扯到自己身上來。我可以選擇更樂觀自信，這也給他們自由來測試不同的行爲，而不是被父母的權威鎖在窄窄的框架當中，乖乖聽命只有哪些範圍內的行爲是可以接受的。

有時候最好把暴怒看成突然變天；有時候我們只能耐著性子等他爆發完畢。我們會認爲雷陣雨很「左右人」嗎？這個字眼卻常常在孩子跟我們想法不一樣時浮現出來，有時候孩子唯一可以重新開始的辦法就是爆發。不平衡的時候，不管是什麼原因，發洩也許是達到平靜——在覺醒、嘆氣、放下之後的平靜——唯一辦法。孩子有時候必須推走我們，在內心找出嶄新的空間，然後，才有可能和解、連結，重新開始。

每一次我們跟這精力對抗、爭吵、想控制它，或批評，只會把事情弄得更糟。這時，最好找到方法和孩子同進退，跟他們一起努力，而不是跟他們作對。

如果一個學步兒或孩童變得狂野，有點失控，想跟你玩摔角，或玩一些非常需要體力的遊戲，用一個較有焦點和立足基礎的方法，來發洩精力，一旦你感知他的需要，就更容易幫助他過渡到他那時所需要的。

如果我們留心，假以時日就可以認出早期示警的跡象：一場暴風雨正在成形！我們可以在孩子平靜、比較能接受的時候一道處理，鼓勵他們注意，他們在暴風雨前夕感覺如何，他們可以問自己：「我是不是累了？」「我是不是餓了？」「我是不是生氣了，還是很傷心？」慢慢地，孩子會學到問自己需要什麼，可以是一個人在房間裡的安靜時光，可以是抱一抱，可以是熱水澡、零嘴，或粗野翻騰的比賽。甚至在脾氣爆發之後，他們長大了一點比較平靜時，我們可以和他們一起回顧並解決問題。視孩子的年齡多大，我們可以告訴他們，我們感覺到、看到他們可能的感覺，如沮喪、生氣、受傷等，並聆聽他們的回應，最好能讓他們知道，他們的行爲如何影響我們和四周的人，我們可以問他們，若要把自己的感情和需要表達得更好，他們有什麼想法。這樣一來，他們會學到，將經驗反映出來，可以更有效地處理痛苦的情緒。

有時要變成偵探
有時就只是單純地接納

敞開心靈、接納、具有同情心，並不是說我們很天眞或很被動。每一天都有許多次我們必須介入並採取決斷的行動。有時候，孩子只是做了太多，動得太快，飛得太高。小時候，他們還不能自己調節，可能需要我們來駕馭，設下限度，擋一下，讓他們慢下來，讓他們腳踏實地。

但也有些時候，孩子向我們揮著一面紅旗，發出很嚴重的苦惱信號：「請注意！有些事不對勁了！」這些紅旗子可能有許多形式，像是突然爆怒、害怕、退縮、生理上的病徵、不想上學等等。這時，如果我們自動就認定這些行爲有最壞的動機，並嚴厲懲罰或批評，或者忽視，那我們就貶低了孩子，也貶低了自己。我們不能確定孩子的動機是什麼，正如我們也不會知道任何人的動機是什麼。我們若把這些行爲貼上「左右他人」的標籤，不贊同並責罰他們，那就是跟孩子隔絕了，而這其實是他們最需要我們的時候。我們的批判設下了一道障礙，變成一個死胡同，我們失去了建立信任和連結感的機會，也失去了處理眞正的問題，以及對他們潛藏痛苦生起同理心的大好機會。

在這些時候，我們必須看看表面之下到底是怎麼回事，要追踪這些示警的紅旗子的來源可能有困難，但是絕對不要用負面、恐嚇、批判的觀點，反而應該試著培養多一些開放和關懷的觀點：「這些跡象是什麼意思？」「我們能怎樣努力？」如果我們對孩子給出的暗示和線索更加敏感，更加注意，並且跟原來認識的他們結合在一起，通常可以看出潛藏的問題，以及需要採取什麼行動。

當然，當一個學步兒又踢又鬧，或是孩子大叫大喊或用力關門，都不是弄淸楚到底怎麼回事的好時機，我們需要先應付眼前的危機。不管是什麼原因，孩子生氣時幾乎都沉浸在強烈的情緒當中，不想跟我們講理。這時，他們根本聽不進去我們講的——這是大腦科學現在告訴我們的——而是需要我們和他們同在，一起經歷狂風暴雨。

一旦暴風雨過去了，就是問自己怎麼回事的時候了。我們變成偵探，考慮他們不快樂和不平衡的可能來源，是不是在學校有什麼事，還是在家？這是身體上、情緒上，還是兩者都有？是相當單純的問題，像是太累了、餓了？受到過度的外界刺激，還是眞有麻煩了？事情發生有一個模式嗎？孩子生活裡有哪些壓力？他們擁有或需要什麼樣的內在和外在的力量？

接納孩子的眞實面目和他們正在經歷的體驗，就是在問這類的問題，並深入探究我們能找到什麼答案。

有一天，我十歲的女兒躺在床上，燈關了，對我說：「媽咪，我搞不懂。」

我回答：「不懂什麼？」

她說：「不知道，就是覺得不懂。」

我掙扎按捺著想使她好過些的衝動……「不懂沒關係的。」

她說：「眞的？」

我說：「眞的。」

她不說話了，不久就睡著了。

在那個時刻，她既不需要討論，也不需要解決方案，她感覺我把她抱在懷裡，就能接受不確定和困惑，我接納她，她便能接納自己。

接受孩子的真實面目

在他很難搞、很挑剔、很激憤……任何時候

要接納大點的孩子，通常沒那麼容易，尤其是他們說的話都像直接批評我們，還常

發生在一天下來疲倦、耗盡力氣時。隨著一連串負面評語和貶語，他們會要求我們幫忙做點什麼，抱怨他們有多累、有多少事要做。我們越跟他們疏離，他們就越生氣、越多批評、越多要求，結果，他們的行爲觸怒我們，我們就更不能接受，更排拒他們。

我那青少年期的女兒進廚房來，只穿著T恤，發著抖。以下對話開始了：

「這裡好冷。」

「再加件衣服。」

（煩了）「我不需要再加衣服，這裡好冷。」

「這裡不冷，爲什麼不去加件暖一點的衣服？」

（氣了）「我不必加衣服，這裡好冷。」

每一次互動都把我們推得更遠，我對她的行爲有點煩，一點也不同情，因爲她最近常找我麻煩，後來，事情演變成她關在自己房間，不肯跟我說話。這倒產生了潑冷水的效果，把我澆醒，我終於看穿自己的憤怒，認識到她所經歷的困難，我看到過去幾個禮拜我們之間的距離，她越生氣，越惡狠狠地跟我說話，我也越生氣，跟她益發疏遠。眞是可怕的惡性循環。這次事件是最高潮，怎麼善了？

我看到，她從我這裡得不到她需要的東西。她想要點什麼，但她不想從我這裡得到……她想，也不想。這樣就有個謎題了。她抱怨冷，又不肯加衣服的時候，我可以多一點同情，把暖氣調高，給她點溫暖，這是她可能會接受的方式。其實有很多選項，但前一天生的氣把我弄得不耐煩，我對她關上門，把她變成我的問題。

在這種時候，她需要我把她過去幾個禮拜的批評視爲一種徵象，顯示她正經歷的內心掙扎和背負的壓力。我無法改變她的後半生，但我可以更有同理心，努力傾聽她言行背後的心情；有時候青少年要找愛，有時候又需要保持距離、推開我們。

孩子的情緒是自己的，但他們如何表達會影響我們和其他人。當他們的行爲令人難堪、傷人、疏離、粗魯，或不尊重人，我們若是無視於自己的感受和他們的行爲如何影響我們和親子關係，對雙方都沒有好處。要決定何時說、說什麼，還是要不要說，都需要開放和創意。沒有公式，沒有正確答案。在回應孩子和我們自己，在每一個特殊情況當中，自有創意產生。因此，只有願意用開放心駐留在情況中——而非從我們不自在、想去整頓、矯正或教導的預設「解決方案」——才能懷著正念來回應孩子。

孩子有些行爲可能會觸動我們的強烈感受和破壞性行爲，這些反應模式也許來自童年，我們早已採用了卻渾然不覺，只要相似的條件一出現，就在特定情況下浮現出來。我們的反應可能是呈現不自覺的姿態、緊繃、自以爲是、藐視、不假寬容、殘酷、毀滅性的思考。培養接納，最好在這樣的時候更深入內心的情緒，只要每一次都能夠把問題看得越清楚，以及問題從哪裡來，我們就越不會使用自動或破壞性的反應，反而能創造出嶄新、更健康的回應。

任何行爲都可以從最糟的角度來看，也可用較能接受或無害的方式來看，我們若在不信任的環境長大、或是因爲懷疑和批判而受到貶低或取笑，都很容易墜入熟悉的慣性模式，然後重現在孩子身上。一定要懷著每一刻持續的覺知，才能掙脫這些模式。在情緒飽漲的時刻，我們需要覺知自己在說什麼，怎樣說，而且對孩子有什麼影響。

許多孩子和成人都會覺得人家沒有接受他們的眞實面目，他們讓父母「失望」，或沒有符合父母的期望──他們「不合格」。有多少父母花時間挑剔孩子「太這樣」或「太那樣」，還是「太不夠這樣或那樣」？許多不必要的痛苦和悲傷都來自父母這種抑制、批判的行爲。父母若用羞辱、作賤或抑制來表示不贊同，對孩子行爲會有正面影響嗎？孩子即使服從，但犧牲了什麼？孩子長大又會成爲怎樣的人？

父母不必非得喜歡或同意孩子所做的每一件事，或他們長大後所選擇的生活方式，親子永遠都有不同之處，終究，每個孩子都必須找出自己的路。

無論孩子多大，只要能感覺到我們的接納和愛意，不只是因爲他們好相處、可愛、吸引人、愉快，更因爲他們麻煩、醜惡、憤激的自我，他們就更能保持平衡並成爲整體。只要孩子能回到我們無條件的愛的泉源，就能夠面對各種困難和挑戰，因爲我們尊重他們整個自我，這也是內心成長和療癒之源。

卷三
看待事情的方式

有了孩子，我們跟宇宙就有了完全不一樣的連繫，我們從沒如此感覺自己和他人的希望、痛苦緊緊相關，我們慈悲的領域會擴大，對貧窮、環境、戰爭和未來都有了不一樣的觀點。

為什麼要做父母？

當我們成了父母，生命馬上變了樣。爲人父母有許多要求，壓力也增加了，我們從沒感覺那麼脆弱過，從沒擔負過那麼多責任，從沒這樣被挑戰過，從沒這樣把時間和注意力從其他方面帶走。過程中出現混亂和失序、力有未逮的感覺、爭論的場面、掙扎、焦躁、騷動、好像沒完沒了的義務和跑腿差事，好多時候我們進退不得、生氣、怨懟、受傷，還有招架不住、老了、不重要的感覺，而這還會一直持續，不但在孩子小時候，直到他們完全長大、獨立之後。有小孩就是自找麻煩。

那爲什麼要生孩子呢？彼特．席格說得好：「我們要孩子，是爲了高報酬……孩子的一吻。」孩子給我們機會分享他們生命的蓬勃朝氣，如果他們不是我們生命中的一部分，我們也許沒有這種機會。尤其是孩子幼小時，做父母的工作就是與他們同在，盡力滋養並保護他們，讓他們自由自在探索童年的天眞和天賦，在他們找出並確定自己的道路時，我們從心靈和智慧出發，溫柔地引導他們。

孩子體現出人生中最美好的部分，他們活在當下，他們是純粹的潛力、生命力的體現、發生、更新和希望。他們純粹是他們原原本本的樣子。如果我們仔細傾聽那召喚，孩子正和我們分享充滿生命力的天性，並從我們身上喚出這種天性。我們一旦有了孩子，跟宇宙就有了完全不一樣的連繫，我們的意識變了，從一種看待事情的方式轉換到另一種。我們從沒如此感覺自己連結上他人的希望和痛苦，我們慈悲的領域會擴大，因爲關心孩子和他們的幸福，我們對貧窮、環境、戰爭和未來有了不一樣的觀點。

至於麻煩，卡山扎契斯（Nikos Kazantakis）的小說《希臘左巴》（*Greek Zobra*）中，人問脾氣暴躁的老左巴結過婚沒有，他回答說：「我不是個男人嗎？我當然結過婚。妻子、房子、孩子，一場災難。」又說：「麻煩？人生就是麻煩，只有死掉才不麻煩。」

最終，我們得做出選擇，無論有沒有正念，都有後果。內在不確定是災難的一大部分。問題是，我們能否利用生活中的各種情況，甚至最困難、壓力最大的那種情況來增長力量、智慧和開放心靈，就像水手利用各種風況把帆船駛向特定目的地？如果要做子女長期的好父母，我們絕對要持續成長，他們才能在自己的道路上，隨自己的節奏，得到良好的庇護和成長。

1：Pete Seeger，生於1919年，美國民歌手，知名作品有〈Where Have All the Flowers Gone?〉、〈If I Have a Hammer〉等，1960年代復出，開始關注國際限武、民權、環保等議題。

常駐禪師

我和太太既不是佛教徒，也不是禪宗弟子，但我們用禪宗儀式舉行婚禮，結婚誓詞是要幫助彼此「爲一切衆生得到『大心』」。從多年以前我第一次接觸禪宗傳承開始，禪就深深吸引了我，禪的訓練非常艱苦要求也高，密集而且不可預知，狂野而瘋狂，慈愛而有趣。它一方面非常簡單，一方面並不那麼簡單，它就是正念和不執著，最深入地知道自己，知道自己在做什麼，包括「無所知」和「無所作爲」。

對我而言，修禪的瘋狂體驗，跟爲人父母有許多共同之處。兩者都是傾全力對生命覺醒。如果去想我們的小寶寶，跟其他小寶寶一樣，看起來眞像小佛陀，像常駐禪師那樣有圓滾滾的肚子、大大的頭、神祕的微笑。禪師不會把自己解釋得那麼清楚，他們只是活在當下的體現，不會被思考罣礙，也不會在這個、那個理論的沉思中迷路，他們不執著事情非要怎樣，也不見得一直前後一致，他們的存在和教導幫助我們突破，直接體驗自己的眞實本質，鼓勵我們找到自己的道路——現在，就在此時。他們不會教我們如何做，而是給我們無法用思考來解決的無窮挑戰，鏡照生命的圓滿，指出我們的完整性。最重要的，禪師體現了覺醒，並從我們心中喚起覺醒。

孩子都很相似，尤其是嬰兒期間，長得越大，反而越難看出相似的地方。但如果我們願意去看，而且看見，他們眞實的本質一直存在，一直鏡像反映著我們的眞實本質。

孩子有一種「本來心地」，開放、純淨、沒有污染，毋庸置疑完全活在當下，他們不斷學習、發展、改變，需要我們的回應。他們成長過程中，好像永遠在挑戰我們的每一個期待、每一個固著的意見、每一個珍愛的信念，每一個想要事情非得如何的希望。他們只是小嬰兒時，佔據了我們的生活，需要我們非常注意他們身體和情緒上的需要，不斷挑戰我們要置身當下、要敏感、要探究眞正發生了什麼事、冒險嘗試、想盡辦法從他們的回應中學習。他們教我們如何和他們調頻，在親子連結中找得到喜悅和諧。

當然，孩子並不眞的是我們的禪師，孩子是孩子，禪師是禪師。但我們如果能敞開心靈並接受孩子，看到生命的純淨展現在任何年齡的孩子身上，就可以在任何一刻感知孩子和我們自己的眞實本質。

從來沒有人告訴我們做父母會是什麼樣子，我們邊做邊學，一邊做，一邊規劃路徑，靠的是內在的力量，而從孩子和每一刻發生的事，我們甚至會發現從來不知道自己擁有的能力。我們必須親身做父母，才會知道那到底是什麼樣子。要是我們決定每一刻都傾聽它，這便成爲深刻而持續的內心功課，一種獨特的心靈訓練。

孩子和我們置身的每個情況一直在教導我們，我們可以完全忽視，或當做不方便或不重要、太難或太麻煩，加以抗拒。或者我們也可以深入檢視，讓情況成爲指標，告訴我們哪裡需要注意，明察每一刻發生了什麼事，該採取什麼行動。這完全是我們的選擇，抗拒會引起許多不必要的掙扎和痛苦，因爲我們若無視或對抗孩子探索和學習和成長的生命力，不認識、不尊重他們的自主權，就否定了基本的事實眞相，而父母遲早會知道並感覺到的。

舉例來說，一時忘掉兩歲的孩子只是孩子，而僵硬無感地把期望套在她的行爲上，就是忘掉她的行爲正像一個兩歲的孩子。如果我們在那一刻要事情有所不同，內心抗拒或退縮，而且強要我們希望的情況發生，就是在到處找麻煩了。做父母的或多或少都知道這會帶來什麼後果。

相反地，如果我們在這一刻放下希望事情「應該如何」的想法，擁抱孩子的眞實面目，換句話說，記得我們是成人，可以在那一刻反觀自心，多多少少懷著理解和慈愛來行動，那麼，情緒的狀態和選擇的做法就會大大不同，從那一刻到下一刻的情況和決心也會不同。如果我們選擇走這條路，孩子就教了我們非常重要的事情，她告訴我們：我們如何執著事情非要怎樣；我們一遇困難，心就動搖；我們可做出不同的選擇！我們有一個選項：隨自動反應和無明而逐流，忘掉兩歲小孩就只會做兩歲小孩的事；另一個則是：肯定我們能夠看到自己的反應，選擇走一條不同的道路，也就是一面處理自己的自動反應，一面處理孩子實際上發生的事。理論上說，我們也許就在前一刻，或在另一個情況下已經「知道」這一點，但還是不能不自動反應。所以說兩歲寶寶像禪師一樣，用生命告訴我們，我們多容易在情緒反應中迷失了自己，但我們毋須如此。這是重要的一課，可以應用在生命許多方面。畢竟，心跟我們如影隨形，心要是感到無法掌控或不喜歡現在所發生的事，都會用類似的方法來反應。

如果我們在做父母或生活其他方面，能融入專注和意向，無論多麼痛苦又令人害怕，只要堅持全心臨在當下，觀察每一件事，便能與事情的眞實樣貌和諧相處。要做到這一點，我們必須學著仔細傾聽這個世界所給予的，對一路展現的經驗更加開放接納。

有趣的是，如果我們覺知每一刻發生在面前的事，卻不堅持事情非要怎樣，那麼，經過「如此而已」的訓練之後，心智會穩定，心靈也會敞開而清明，這是奮力硬要特定解決方法或結果所達不到的，因爲這種和諧潛藏在萬事萬物當中。就是此地、此時。在我們之中，在孩子之中，只要我們能夠一再讓它有浮現的空間。

我們先編草、拔河
然後輪流唱歌，把球踢到空中
我踢球他們唱歌，他們踢球我唱歌
忘記了時間，幾小時飛逝了

有人經過，指著我笑：
「你幹嘛像個傻瓜一樣？」
我點頭，不回答
我可以說點什麼，但是為什麼要？
你要知道我心裡想什麼嗎？
從時間之始就是：如此而已！如此而已！
——十八世紀日本隱士、書道大師、詩人良寬大愚[1]

1：Ryōkan Taigu, 1758-1831，曹洞宗比丘，大半生爲隱士，詩和書道呈現了禪的本質。

十八年的禪修營

我（喬）常常覺得做父母可以看成一個長期的禪修營，我們有機會做深刻而專注的內在功課，對孩子和父母都有深入而持久的利益。

禪修營通常會持續好幾天、好幾個禮拜，或者好幾個月，但「父母禪修營」至少每個孩子持續十八年。當然，做父母每天的要求都不一樣，和單獨靜處而密集的禪修營不同，但發現兩者都是持續的內心功課，我便受到鼓舞，將堅韌、全面的觀點融入做父母的召喚，融入做父母需要專注、關懷、智慧的歲月。

禪修營到底是什麼？目的在哪裡？為什麼把為人父母看做禪修營有助我們了解並加深懷著正念做父母的能力？這樣看待父母之道為什麼能促進自己的成長和發展？

禪修營是做內心功課的機會，在其他環境很難做到，因為日常生活有許多相互牽制的義務、消遣和誘惑。在禪修營當中，因為有較長的時間待在特別的地方，離開家庭和工作上的要求，我們有非常難能可貴的機會來簡化生活，高度關注生命的領域。

禪修營往往是由一位或多位富有經驗的老師來鼓舞、激勵、引導、教導並傾聽禪修者的體驗，基本的修行大部分是坐禪和行禪，都是止語，通常從一大早到深夜，只是坐，只是走，通常也有一段工作時間，同樣是靜默進行，這樣我們在坐禪和行禪中培養的心便可以融入清理浴室、刷洗鍋子、花園除草中……什麼工作並不重要，融入的心最重要。

專注主要是向內的，導向我們平常視爲理所當然的一些基本生活經驗，像呼吸的流入流出，以及每一刻直觀身、心。除此之外，靜默地吃飯，睡覺。通常不讀、不寫、不打電話，完全一人，甚具療癒效果。

一開始，心非常活躍而騷動，但一段時間後就漸次安頓，高度專一，有時候可維持集中專注、相當平衡而靜止很長的時間。藉著訓練專注力，加上認識並接受你所觀察到的現象，你會全新了解心智和心靈的景觀。在表相、執著和個人往事之下，可以發展出高度穿透的覺知，檢視自己生命的本質。密集而持續的專注有時可催化出深刻的洞察力——眞正啓人開悟的覺醒——而且會向自己揭露自己，你從不知道或沒想到可以這樣照見生命。

禪修既是鏡子，也是深刻的淨化過程，我們會看得更廣大、更精準，深刻地認識自己，同樣深刻地放下。也許最重要的是，放下我們絕對而僵硬地把一切現象認同爲我們自己……放下我們對事物的執著、看待事情的方式、固定的想法。

只要持續專注自己的心，就會發現，心的行爲其實相當有結構，運作模式也可辨識，有時候是不厭其煩地重複，而且不屈不撓。僅僅從事止語的坐禪和行禪，你就會看到，思想多麼流動不息，心路過程多麼混亂（有時難以辨別它的次序），而且大多數念頭多麼不可靠、不準確，心多麼擅於自動反應，情緒風暴多麼強大。

你會看到，我們的心花了大量的時間在過去上，回憶、怨恨、指責，也花在未來上，擔憂、計劃、希望、夢想。你會看到，自心常不停評斷自心，其他的事則都取決於在某一刻的經驗是愉悅、不愉悅還是中性。你會看到，心的執著有多強大，它不斷認爲事情和意見與自己有關，心有多少時間是受一廂情願的思維和想望驅動，希望不待在此處而到他處去，希望事情和人我關係能夠與實際情況不一樣！

你會看到，心有多難如實安頓在當下，但久而久之，心又可以平靜下來而看到內心許多不斷的活動，進而達到內心的靜止、平靜和平衡，不易被自身的活動所攪亂。

如果你的意志足以在艱苦中仍堅持修行，如果你能與長時間坐著不動的痛苦同在，如果你能與想講話、娛樂和新奇的渴望同在，如果你能與無聊、抗拒、偶而生起的悲傷、恐怖和混亂同在，如果，你能懷著絕對的仁慈、溫柔，不懷期望，嚴格堅持著僅僅觀察每一刻在覺知中生起的現象——你就會在修行的某些階段，遇到如海一樣深的內心安靜、幸福和智慧。

在許多方面，心確似水體，簡直是海洋，根據季節、天氣和風，海面可以從完全的平靜、平滑，到巨大的洶湧、翻騰，打起高於十公尺的巨浪。但即使在暴風雨裡，如果我們潛得夠深，水其實非常靜止。

只要堅持修行，我們就會在這樣的時刻看到，心也一樣，平靜、深刻的寂靜原是天生本具的，一直在心中，即使陷入巨大的情緒風暴裡，無論出於何種原因，心中也一直有平靜、寂靜和覺知的能力，那能力在生命表面之下，也嵌入我們的生命。我們可以召喚它們出來、運用它們，毋須刻意去平息內心的動盪（就像我們不會去壓平海面波濤）。只要了解它，並提供更大的容器，可以容得下、看得到動盪，甚至運用動盪來加深智慧。

我們會看到自己的念頭和情緒，不必像現在這樣常常讓它們席捲或遮蔽我們。我們也不必努力抑制它們，以免受它們蘊含或造成的痛苦。

這樣處理心智活動，我們會看到我們並不孤立、不分隔，也不孤獨。我們會看到，「（作者）我」、「（受者）我」和「我的」本身就是念頭，深而有力地扎根在頑強的慣性中，但念頭就是念頭。我們常感覺自己是分隔的生命，花了許多時間一心想著個人、自己的得失，其實在這感覺之下，我們可以看到，我們是比我們更大的整體中流動的一部分，我們屬於那整體。

我們會看到，每個人的生命中都有一個深藏的奧祕，從我們父母的結合開始，而且在他們之前，又從他們的父母開始；再讓時光倒回來，我們又是父母和孩子之間的中介，也是在我們之前所有我們永遠不會認識的人，和在孩子的孩子之後所有我們永遠不會認識的人之間的中介。

我們會看到，宇宙最深本質是一，一個無縫的整體，任一事物都是其他事物的一部分，我們會看到，任一事物都鑲嵌在其他事物中，並反映出其他事物，都是較大整體的一部分[1]，而且其間的基本關係就是相互連結和相互依存，從中生起我們稍縱即逝、不斷變化的個人生命的意義和細節。

你會用新鮮的眼光、理解力和欣賞力，看到生活事件是客觀而不帶個人色彩的，同時卻也非常有個人色彩。你直覺知道，只要思考和強烈執著的面紗變薄，那麼，就在此時，就在此地，你就是你的眞實面目；你是獨特的，有你的臉、性格和想望，有養育你的父母、你獨一無二的成長歷程，你獨特而神祕的道路，或用理想和熱情注入生命的召喚。你就在工作的地方工作，你就住你住的地方，你的責任就是你的責任，你的孩子就是你的孩子，你的希望就是你的希望，你的恐懼就是你的恐懼。

我們會看到，「分隔」和「不分隔」只是試著描述深層現實——即我們——的念頭。我們會看到，我們有可能生活得更暢意自在，知道發生在我們身上的事情此刻發生

1：這是借用佛經中「因陀羅網」的譬喻。因陀羅網是帝釋天殿上寶網，懸衆珠所成，珠珠互映，影現重重。一珠現一珠，一珠現千珠，千珠現一珠，千珠現千珠。如是影復現影，重重無盡，以示世界萬物是一種互相含攝，互相滲透的關係。

了，也知道，若把發生在我們身上的事情當做衝著我們個人而來，並非明智之舉，因爲萬事萬物都是客觀不帶個人色彩的。你當然是你眞實的樣子，你對很多事情負責，但你當然也不是你以爲你是的那個人，因爲思考是有限的，而你眞正的本質是無限的。

我們存在的時間非常有限 和孩子分享、同在的時刻因而更顯珍貴了

在禪修中，我們會知道，我們不是我們的身體、我們的念頭、我們的情緒、我們的想法和意見、我們的恐懼和不安全感、我們所受的傷，儘管這些是我們不可分割的經驗，並大大影響了生活，像天候影響海面；但如果我們對它們形成強大而無自覺的執著，把親愛的生命依附其上，看待一切都好像透過或明或暗，或著色或千變萬化的眼鏡，它們的影響力便特別強了。

我們不等同我們的想法和意見。如果我們能知道這一點來過日子，並摘掉了篩選經驗的眼鏡，我們所看到的、所選擇的、每天過的日子會多麼不同。只要有這種洞察力，從此我們看待自己、以及看待自己如何做父母都會非常不同。

我們還會看到，我們像其他人一樣，存在的時間很短暫，但如果我們把覺知融入各個時刻，那麼，我們稱爲終身的那種短暫，同時也無限長遠，因爲任何一生中都有無限

的時刻。一旦活在當下，我們就走出了時鐘的時間，進入無時間的存在。這樣的體驗告訴我們，我們並非完全受制於時間。

於是，我們開始知道無常，因爲沒有一件我們專注觀察的事物會持續很久。每個呼吸來來去去，身體覺受來來去去，情緒來來去去，想法和意見來來去去，時刻來來去去，日夜來來去去。同樣的，我們會看到，季節和年月來來去去，青春來來去去，工作和人們來來去去，甚至山川和物種也來來去去。雖然事情看似永久存在，但其實沒有什麼是永久的。一切總在移動、變化、生成、消融、浮現、進化，在複雜的舞蹈中，世界的外在舞蹈與我們內心的舞蹈沒有太大的區別。我們會看到，孩子也是這舞蹈的一部分，他們和我們一樣，也只是到這美麗而陌生的世界短暫一遊的遊客，我們和他們同在的時間甚至更短，能持續多長是個未知。

這樣的覺悟，豈不是深深打動我們，並賦予極有價值的內涵嗎？它不就在告訴我們，跟孩子分享的時刻是如何珍貴，如何把覺知融入轉瞬即逝的每一刻當中？它不就在影響我們如何擁抱和親吻孩子、如何對他們說「晚安」、望著他們熟睡和早晨醒來嗎？在孩子找尋道路時，他們和我們的想法、意見和耐心極限常唱反調，自我總是認爲自己對而且全知，卻忘了我們其實知道那更大和更確定的生命，這時候，這份理解不就會讓我們放下了，不跟孩子過不去了嗎？

或許，把爲人父母當做禪修營來承當，日日、時時用同樣集中而持續的專注，並活在當下，來做正念父母心的內在功課，我們會看到並記著，整體性的力量很強大，如此一來，我們不會迷失在內心的海面波浪和對生活狹隘而依附的概念中。也許我們會以不同的方式保有那獨特時刻，不會任由它還沒察覺到、沒利用上就溜過去了。或許我們會更感謝給予我們的事物：我們的身體和生命、人我關係、孩子和父母、孩子的孩子，還有我們生活的世界和傳承我們的後人。

如果我們把已深深知道卻常常忘記的東西保有在心智和心靈中，也許會更關懷，卻是不同的關懷；更專注，卻是不同的專注。也許我們會知道如何在生活中，腳踏實地，感覺腳下的大地和拂面的風，知道此處這個地方，此時這個時間，尊重眾生和孩子內心的智慧奧祕。

我們將整個為人父母的經驗比喻成長期禪修營，雖然家庭生活多少可緩衝外界的壓力，並創造內心安全和平靜的感受，但為人父母並不是從世間撤退，反而要盡可能利用面臨到的各種情況，通常也都在很困難的條件下，來培養正念，深入檢視生活，讓我們的「有所作為」從「無所作為，生命自處」而來，不只是偶一為之，而是一直當做自己的生活方式。

當然，每日家庭生活的時程比禪修營更複雜、更混亂，會隨著孩子不斷變化和長大而改變，有時每日一變，有時每刻一變。但修行的本質始終如一：竭盡所能，活在當下，洞察實際發生了什麼事；同時，如果需要採取行動，就要有意向、有覺知、慈愛地採取行動。內在功課可以定在每天方便的時間都禪修，但主要的決心必須是從日常生活中培育正念，讓每一時、每一刻、每一日都成爲加深正念的舞台。

因此，早上醒來就是醒來的修行，刷牙就是刷牙的修行，因爲孩子哭而沒去刷牙就是照顧孩子而沒刷牙的修行，依此類推。把孩子的衣服穿好、把食物放到桌上，接他們放學、換尿布、上班、購物、做各種安排、清理、烹飪，每一件事都成爲我們正念修行的一部分。每一件事。

練習，練習

改變一天的生活品質，是最高的藝術。

——梭羅，《湖濱散記》

無疑地，一些人僅僅聽到我們——尤其是爲人父母——要置身當下、更有覺知、更有同理心、更接納有多重要，就會走上不同的路，認識到自己的能力，並如梭羅所說的刻意「改變一天的生活品質」，在生活和做父母的生涯中激發出新的開放度和敏感度。但是人心有特定的運作方式，因此大多數人很難一下子「當下覺醒」。通常需要努力和堅持，才能直觀此時此刻，而且也不容易維持明察。例如，對自主權和它體現在日常生活的能力，我們只能偶爾捕捉到一瞥或微弱的暗示。一般而言，人類要得到洞察力和轉化，並非易事。

我們必須練習學著活在當下，練習用整體性的眼睛看。由於人類心靈的本質，我們大部分的生命都在練習與正念完全相反的東西，我們練習不活在當下，練習從我們的重心、從我們的自主權、從我們的相互連結、被我們的念頭和感受、被我們喜歡和不喜歡的東西，分心散漫。我們練習焦慮和生氣，在生活中一再重複這些模式，練習越多，就越熟能生巧，越難打破模式。我們練習牢牢地執著自己的觀點，即便這些觀點只是部分準確，或根本不準，結果卻餵養了我們的自動導航模式，採取不怎麼有自主性、不怎麼有同理心、不太能如實接納的行動，以致後果又回到我們身上，加劇問題和困惑，生命更沒有清楚的方向。

這就是懷著正念做父母之所以應視爲一種修行、一種訓練，而不只是哲學或一個好主意。這個修行使我們從內心和生命的深層慣性模式解放出來。

我們在此使用「修行」一詞，意味著**此刻體現整體性**。雖然正念練習越多，修行便越深，但它不像練鋼琴或練舞步，也不像運動或排練，不是一再重複就越精通。

每次你抱起寶寶，懷著覺知，就是修行，就是完全置身此地。抱起寶寶時，知道你抱起寶寶，和感受、嗅、觸、聽、抱、呼吸、現場所發生的每件事連繫起來，覺知你的本能、小寶寶，還是那個時刻在告訴你要做什麼，無論是餵食、換尿布、穿衣、唱歌還是其他，這個「其他」也可以是什麼都不做，也許，在那一刻除了全心臨在當下，根本就不需要做什麼事。

你不必「擅長」於此，評斷自己更不是一種正念精神。活在這個特殊的時刻就夠了。爲什麼呢？因爲你已經在當場了，爲什麼不把身心完全置於當場呢？於是，你在這一刻嘗到整體的滋味，因爲它始終在此地此時，可看可感覺可擁抱。

所以，修行只是刻意記著完全跟當下的現象同在，這樣就不會總是自動導航或機械行事，抱起小寶寶時就抱起小寶寶，擁抱孩子時就擁抱孩子。你的心沒跑到其他地方去，如果跑掉了，你也立即覺知，把心帶回來。很簡單，但也不是那麼容易，因爲我們的心太容易跑開了。

修行有很多方法，刻意懷著覺知來生活和做父母。我們越願意專注，正念修行和懷抱正念做父母的基礎便越堅實。每一個人都擁有做這些內外在功課的工具。每個孩子、每種情況、每個呼吸、每一時刻，都在此地，等著我們此時就擁抱它。如果我們以這種方式接觸生活，如梭羅說的，改變一天的生活品質，眞的會成爲一種藝術形式。我們在每個日子所提供的素材中不斷改善，我們的生活和在世界自處的方式也會不斷改善。

呼吸

我們決定就從當下置身之處、此時、手邊擁有的能力開始，不管我們剛開始做父母，還是孩子大了，還是做了祖父母，都可以探索完全活在當下有多珍貴。

開始練習帶著正念做父母的一個方法是，在一天之內找些安靜時刻，與呼吸培養親密關係。呼吸不斷流動，一直都在，深深與生活、身體、情緒狀態連結。覺知呼吸就是用醒覺和清明的直觀，把身心融入當下。

你可以現在就跟呼吸連上線，看看能否在覺知的最前線維持幾分鐘。基本上是在呼吸進出時**感覺**它，吸入時知道吸入，呼出時知道呼出，專注地乘著呼吸的浪頭，感覺呼吸的起伏，像乘著橡皮筏，漂浮在溫柔的海浪之上。然後，試著把呼吸的覺知融入正在做的、正在面對的事。

你很快就會發現，這樣做之後，心有自己的生命。它可能不想記著注意呼吸，跟呼吸保持連繫，不習慣一直保持覺知。心一會兒這裡、一會兒那裡，跑到過去，跑到未來，總是從一個念頭跑到另一個念頭，從一個感受跑到另一個感受。在感覺時間緊迫，或處理問題、發生衝突時，更是如此。任何人第一次坐下來在寂靜中觀察自己的呼吸，哪怕是幾秒鐘，馬上就會面臨這種狀況。

藉著持續不斷的修行，和呼吸建立一種親密關係，將覺知延伸到那一刻正在發生的其他事情。這樣培育覺知，你的每一刻就有了深厚的潛力。

只要持續培養呼吸的覺知，它會越來越重要，能點亮當下，幫助你在更加平靜和清明中保有覺知。但是，把呼吸的覺知擴展到任何時候的任何活動，需要努力和決心。這是向外尋求和向內檢視，所以它是尋看和看到，稱爲洞察，或明智的專注[1]。你可以把這種覺知融入生活：呼吸和換尿布，呼吸和購物，呼吸和目光交流，呼吸和同孩子玩、和讀故事給孩子聽，帶孩子上床睡覺，呼吸跟長大的孩子談話，呼吸和做晚飯，呼吸和同時忙十件事而且感覺快要發脾氣了，呼吸和已經發脾氣了，現在只好收拾殘局，繼續前進。不需要多花什麼時間。只要時時記念[2]。

換尿布、收拾清理、口角、忙這忙那、無益地擔心和憂慮、工作還是玩遊戲，「開機」還是「關機」[3]的時間，都是運用呼吸使自己活在當下的大好機會。

修行就是耕種

就像在後院培育蕃茄或玉米那樣，在生活和家庭裡培育正念，就是我們所說的修行，關鍵在於照管已種下地的，無論是想更有正念，還是照顧孩子成長。照管就是參與、注意（attending），這個英文字來自專注力（attention）。這些詞都帶有活在當下、醒覺、伸展、隨時有自覺的特質。這種感覺可擴展到溫柔對待，也就是藉照顧和關懷來擴展自己。

這種照管或參與、注意是正念修行的核心，正如照顧幼小的植物就是要保護，孩子如此，新生的正念也如此。如果你想將正念融入父母之道，修行的意向和努力也需要得到保護，否則混亂的情況和生活上不斷的要求會輕易踐踏到它，很快就放棄了。建立合

1：wise attention，即佛法所稱如理作意，巴利語是 yoniso manasikara。

2：remembering，即佛法所稱憶念，爲正念的一個面向，巴利語是 sati。

3：此處意指有所作爲和無所作爲。

理的界限來限制並支援正念的培養，最能保護我們的努力和意向，就像用圍牆和豎桿來保護並支持幼小的植物。

這些界限無論以正式和非正式的練習和訓練的形式出現，都是正念修行。禪修要花些時間。你是否想要練習，要練習多久，都由你決定。至於日常正念修行，比如一天中注意呼吸，一點都不花時間，只是需要注意力和時時記念。

就傳統意義上，我們偶爾都在正念修行，以維持靜觀、不批判、不自動反應的覺知，這有助於產生、而且一再產生正念的意向。有一部分是學著如何不受念頭和情緒的控制。通常我們必須一次又一次地藉觀察念頭和感受來學習，練習不被它們分了心。

跟種玉米或蕃茄一樣，紀律也是關鍵。這不是外加的紀律，而是內心正念的自律。正念有它自己的紀律，就是保持連結的方法，不時接觸艾略特（T. S. Eliot）所謂的「轉動世界中的不動定點」（still point of the turning world）。

由於正念修行和養育孩子都需要專注的相同基本功，一道培養倒不費事。這樣做時，其中一個修行會補給、加深並支持另一個修行。

禪宗修行的傳統喜歡說：修行沒什麼特別。說修行沒什麼特別，就像說做母親或生兒育女沒什麼特別，做父親沒什麼特別，做農夫，從土地種出作物沒什麼特別，甚至活著也沒什麼特別。「沒什麼特別」也意味很特別，十分普通就是十分不普通。這一切都取決於你如何看待事物，你願否深入，願否根據你所看到、感覺、知道的來生活。

從思考中解脫

當我們問來到正念減壓診所的人，他們從課程中學到最重要的事情是什麼，他們都不約而同說了兩件事：「呼吸」、「知道了我不等同我的念頭」。

當然，每個人來診所以前都會呼吸，他們說「呼吸」，其實是開始覺知自己的呼吸，而且只要在安靜的時間練習過正念呼吸並融入日常活動，都會發現正念呼吸的力量多麼強大。

第二個回答其實指出，大多數人充其量只是模模糊糊地知道自己一直在思考著各種念頭。直到我們開始系統性地專注呼吸，並觀察心裡有什麼卻不批判，把注意力穩定下來、集中於一個目標——如呼吸——有多困難時，我們才開始強烈感覺到「我不等同我的念頭」。

當我們開始專注呼吸，看看是什麼讓我們從呼吸中分了心，幾乎立即看到「思考」一直在進行，而大部分的念頭都是剛愎自用，部分或全部都不準確的。我們可以看到，

「思考」一心想判斷和評估我們的觀點，並產生想法和意見。也看到「思考」複雜、混亂、不可預測、經常前後不一致而且矛盾。

思考之流一直進行，我們幾乎沒有檢驗過，也毫不知情。思考像是有自己的生命。意識領域中的事件就像雲朵來來去去，我們在心中不斷地創造現實的模型，對自己、他人和世界形成想法和意見，然後相信它們就是眞的，還經常否認與其相反的證據。

因爲我們不知道念頭只是念頭，結果到處給自己找麻煩。要知道它也能讓我們遠離自心設下的陷阱，尤其是爲人父母者。

例如你有個念頭：「湯姆很懶。」你很容易相信湯姆眞的很懶，而非只是私人意見。於是，你每次見到湯姆，往往只看到他很懶，看不到他其他的眞實面目，因爲你強烈的意見把他的眞實面目擋掉或篩掉了，你可能有、也可能沒有什麼證據。結果，你只看到有限的他，你如何對待他、他對你的反應，可能更確認或加強你的觀點。現實中，你在心目中捏造了一位懶惰的湯姆，卻看不到眞實的湯姆，但他其實是一個整體，並不只是那個你賦予的屬性，即使很眞實，也只到達某一種程度，同時也會發生變化。如此一來，你無法眞正跟他連上線，因爲你所說或所做的都「載滿」了他可能覺得、或眞的覺得的不自在感受，你甚至認不出這一切是因自己而起。

老師有時這樣，父母也是。其實，我們都這樣，不只是對孩子和其他人，對自己也是。我們告訴自己，我們太這個或不夠那個，給自己貼上標籤，評斷自己，然後採信它。我們窄化眞正和眞實的，我們的觀點成爲一則自證預言，限制並局限我們和孩子，看不見自己和他人可能會轉化，只因爲我們隨身攜帶著僵化的觀點，很固定，不從多種角度、複雜性、整體性和不斷變化來看事情。

所以練習正念時，重要的是看到你的念頭就是念頭，不是「眞相」。感受狀態也可以這樣看，因爲感受跟念頭密切相關。

只要我們這樣看念頭和感受，有時可以體驗到一種「人稱代名詞」的鬆動。在這種時刻，念頭不再是「我」的念頭，只是一個念頭，感受不再是「我」的感受，只是一種感受。這樣，我們便可擺脫對「我們的」念頭、意見和感受狀態的強烈執著，有了更多的角度和空間。無論是煩惱或尷尬、不耐煩或憤怒，只要帶著正念認識它，如實知道它的面目，我們便打開了新的選擇，不見得非要迷路或卡得進退兩難，或失去正念（mindless）地反應。這並不是說我們不認眞面對感受或念頭，或是不會對它們採取行動，只要覺知念頭就是念頭，感受就是感受，我們更能採取適當行動，而且更能感知自己和形勢的需要。

空掉擔憂。

想想是誰創造出這個念頭的！

你為什麼還在獄中待著？
大門根本開著！

放開恐懼思維的糾纏。
生活在靜默中。

不斷向下流啊流，
擴展了生命。

——魯米（Rumi），《科爾曼樹皮》（*Coleman Bark*）

洞察力

正念是刻意專注當下所產生的覺知，不評斷。不評斷非常重要。如果我們花些時間注意心中的現象，很快就會注意到，內在的「審查」一直進行，不僅評斷周圍的一切，還有自己和經驗。不知不覺地，我們變成這一切評斷的囚犯。它損耗了我們大量的精力，經常使人無法明察眞相。

培養正念和爲人父母所需要的，不是評斷，而是**洞察力**，能深入看到一些東西，敏銳並清晰地感知其獨特性。洞察力是能夠看到這個**和**那個，而不是這個**或**那個，窺見全貌和精密的細節，看到層次。洞察力是尊重現實的內在徵象，因爲我們注意到細微之處，以及事情的整個輪廓，知道複雜和奧祕，其中有公平，有正確，因爲它比整個現實還眞實。醜女的故事中，其他騎士只看瑞格妮爾夫人的外表，狹窄地論斷她，這樣一來，便背叛了騎士精神和道德標準的守則。高文洞察出更深層次，不管她外表如何，都不評斷她。

所以，當我們說正念是不評斷的覺知，並不是說因爲不去直觀必要而重要的區別，而沒有看到發生了什麼事。其實，只有通過不評斷，才可能看到並感受到怎麼回事，穿越表相和自己的有限意見、好惡、信念、恐懼、渾渾噩噩、有時不自覺的偏見，以及要事情非得如何的深刻想望。

不評斷，是說我們知道自己的心不停評斷，於是刻意停下，並把心帶回來觀察每時每刻的獨特性。

具洞察力的覺知甚至可以在心中保有自己的評斷，同時知道它的眞實面目。我們多多少少可以懷著慈悲來觀察這種根深柢固的心的慣性，而不評斷自己爲何如此評斷。看到我們所見事物的意義，洞察力便能產生智慧。我們會對孩子採取更明智的行動，不會陷於一己好惡，無法明察。心原就有評斷的本質，但是，如果沒有洞察力，我們的評斷往往不準確、不明智、不自覺。

如果一個母親一直看到五歲兒子會有危險，不斷指出兒子要這樣、不要那樣，害怕所有可怕的事情都會發生，她就是被鎖在一個非常狹窄的觀點，對自己的思想、行爲或對兒子的影響都沒有覺知。如此一來，只會增加孩子的恐懼，或在他的道路上設下障礙和不必要的限制。

如果她能深入檢視並洞察自己的行爲和心態，就會調整恐懼衝動，自由一些，少限縮一些，她會感知自己擁有更廣泛的選擇，也許就能在憂懼孩子安全，以及孩子自主的需要、駕馭孩子好奇心和探索欲望之間取得平衡。

我們即便有根深柢固的慣性，仍可以對自己寬容一些。例如，你做了好幾件叫自己後悔的事情，那麼也要看到做得好的事；反之亦然。僵化、非黑即白、不是這樣就是那樣，只會延續幻想和錯覺，在夫妻之間造成不悅，也跟子女釀成衝突。

當我們把正念和洞察融入父母經，便會體會我們多喜歡評斷孩子和自己。我們對孩子、孩子是什麼人、孩子應該如何，都有意見，我們用心中創造出來的標準來衡量他們。這樣去評斷孩子，便是把自己跟他們切割開來，把他們跟自己切割開來，也把自己跟自己切割開了。只要刻意不評斷並培養更廣大的洞察力，我們便跟他們、跟自己重新連上了線。

洞察就是，即使我們想看孩子的真實面目，也不能完全認識他們的真實面目，以及生命會帶他們走上怎樣的路；我們只能愛他們、接受他們，並尊重他們生命的奧祕。

禪修

即使你決定不禪修，或偶一爲之，最好還是熟悉其指導，因爲它提供一份清晰的地圖，教你如何培育正念，也提供有益的導引，教你把正念融入日常生活各個層面和爲人父母之道。只要你如此照管自己的體驗，整個人生便成爲一場禪修，每一時刻都成爲培養覺知和覺醒的契機。

對於決心禪修的人，無論是由於爲人父母，或想減輕壓力，或想深入滋養自己，都可以利用安靜的時刻，像是起得比平常早，或關掉手機一段時間。

獨處、有自己的時間，是人類生命深刻本質的重要形式，當生活節奏加速時，它就迅速流失。父母在某些階段幾乎不可能找到禪修的時間，但我們仍然有選擇，是否、如何、何時，在生活中排出靜止的時段。

一段停下來的靜止時間，可以是一兩分鐘，可以在上床後睡著前，或午休時間五分鐘，或停了車寶寶睡著時。大多數人都能在一天二十四小時之中騰出幾分鐘，重要的是必須要有強大的意向去執行，雖然剛開始會覺得有點無聊。如果不堅持，我們很快就會用手機或上網或電視、報紙、做些什來塡補這些「沒事的」時刻。

覺醒的安靜時刻可以滋養身心。幼小孩子的父母可能比任何人都更需要。自己的時間，獨處的時間，是很多父母最缺乏、也是最想要的。然而，有時眞的擁有了，很多人卻不知道怎麼用，尤其如果只是這裡幾分鐘、那裡幾分鐘，或者出現的時間不對。

正念的禪修需要花時間，但是值得的，如果禪修吸引你，有深刻價值的事倒不見得花很多時間。因爲活在當下、眞正放下過去和未來、走出思考的流，即是永恆的經驗。即使是幾分鐘都非常滋補，因爲永恆的「時刻」是解脫的時刻。無處可去，無事可做。你一下子就解脫了時間和義務的壓力，進入整體的體驗，完整了，同時成爲較大的整體和相互連結當中的一部分。

如果你想將禪修融入生活，可以這樣開始：找出片刻安靜的時間，躺下或坐成莊嚴的姿勢。把心放在腹部一會兒，感覺心和呼吸一道起伏，或將注意力放在鼻端，感覺空氣流進流出。無論用哪個方法，盡量不要推拉腹部或呼吸，只是讓呼吸自然流動，讓腹部自然起伏。

專注在呼吸和身體並不是干擾，只是照管身體的感覺和吸入呼出帶來的相關覺受，這些覺受可能是吸入時腹部升起、擴大，呼出時下降、縮小，或者是空氣來回經過鼻孔的感覺。嘗試了一段時間之後，選定一個目標，保持專注。

你很快就會發現心往往十分動盪，如海面，或如一面旗子先被風吹向一方，然後又吹向另一方。心往往會想著其他事，被念頭和感受帶開。專注力可能一次又一次從呼吸跑開，或被拉走，好像連一次平靜或連續的呼吸都沒有，一點也不像放鬆來注意呼吸的感受，你體驗到的大多是焦慮，或不斷分心散漫。

這都沒關係，雖然它應該會讓人放鬆，但你不是要感覺放鬆，你不應該有特別的感覺，只要覺知每時每刻在你身上眞正發生的事。所以，如果感到緊繃就注意到感覺緊繃，生氣就注意生氣，呆滯或昏昏欲睡就注意呆滯或昏昏欲睡，這樣就夠了。你只觀察自己的心和身體，沒有評斷。事實上，我們正試著對任一刻的經驗都不刻意努力、不自動反應、不批判，只是直觀並感受存在的現象，可能的話，把想在感受狀態加上人稱代名詞的執著放下[1]。

開始禪修，另一個要記住的重要指導是：當你發現不再專注於呼吸或身體，觀察注意力跑到哪裡了。換句話說，注意心中有什麼。觀察是很重要的，因爲它將念頭、感受和意象融入覺知，並使我們對自心狀態更熟悉、更親密。一旦你覺知這一刻的內心現象，再刻意放下，回到呼吸，無論是在腹部還是鼻端，只要注意這次吸氣和這次呼氣的身體覺受和直接體驗。在第一次把正念帶入心上的現象之後，如果心從呼吸跑開了一千遍，把它帶回來一千遍。你既不追逐念頭的內容，也不抑制心的活動。觀察，任其自然，放下，重返呼吸。日子一久，你可以擴展修行，把其他在呼吸之內和之外的專注目標包括進來。

禪修和日常正念修行攜手並進，一種修行會加強另一種修行。到最後，修行就是生活。你不會一面靜坐一面做父母，所以每一刻都很重要。只要讓孩子和生活裡的一切成爲我們的老師，盡力保持意向強大而且充滿活力。

如果你能排出時間，還有許多正念修行。在正念減壓課程中，人們使用許多不同的方法，包括身體掃描、坐禪和正念哈達瑜伽，或是參考《*Full Catastrophe Living*》、《當下，繁花盛開》、《*Coming to Our Senses*》等書的描述，以及更多細節。

1：意即觀察「緊繃」或「昏昏欲睡」的現象，而非「我緊繃」或「我昏昏欲睡」。

一封關於禪的信

有一天，我（喬）收到凱特琳的來信，我朋友的女兒。她決定學校報告的主題做佛教禪宗，但只找到有限的幾行字，她爸爸建議她寫信給我，我盡力向她傳達禪宗觀點的禪修之美和深度。後來意識到我的回應碰觸到禪修的元素，說不定對成人也有用，於是也收入本書。

親愛的凱特琳：

謝謝你來信。我很高興聽到你對禪宗和佛教感興趣，書籍是很有幫助的，我已附上一些我最喜歡的書單，希望你能終身保有，每五年左右重讀一次，因為它們對你所說的，會隨時間而改變。尤其是禪宗，你必須要超越書上說的，要體驗他們所指出的，要真正理解它。

禪宗和佛教其實是要知道你是什麼人。你可能會說：「嗯，這有點蠢，我當然知道我是誰！」你會說：「我是凱特琳，十一歲。」但是，「凱特琳」僅僅是聲音（我們把它稱為一個名字，一個非常漂亮的名字），你出生的時候父母給你的。十一歲僅僅是你出生後地球繞太陽的次數。你得到凱特琳這名字以前，你是不是「你」？還有，你五歲和兩歲的時候都是相同的「你」嗎？你當然是你，你也不是你，因為你一直長大，不斷變化。你以前想的、以前要的、以前感受的，可能跟你現在想的、要的、感受的不一樣。但你內心深層的東西，依然是你，也永遠是你。

但你發現「你是什麼人」這個問題有點神祕嗎？禪就是認識自己，了解自己，還知道這是什麼意思。其中一部分的意思是知道某種認識和理解無以言表，超越思維，任何人都無法告訴你。這種了知非常個人、非常直觀，這就是禪宗之所以常用詩歌形式和不可能猜中的謎題來表達。它們穿過思考的心，直指超越它的東西，更自由，也更基本。這並不是說思考很「糟」，思考其實很棒，非常重要，我們必須學著如何思考。但是，它不是全部，而且要是不戒慎，思考會主宰生活，讓你忘記你的生命，你的真實自我中更深、更運用感覺、更直觀、更具藝術性的層面（佛教徒稱為……超越了你的名字、你的年齡、你的意見、你的好惡……你到底「真的」是誰？）。糊塗了嗎？這是因為我用文字來談論超越文字的東西。它其實很簡單，那就是禪宗的美麗之處……絕對的簡單。但是，這也使它表面上看起來很神祕。它其實不，你只須了解它直指什麼。

我的朋友最近寫了一本小書，充滿禪的指標：

坐時，只管坐。
吃時，只管吃。
走時，只管走。
說時，只管說。
聽時，只管聽。
看時，只管看。
觸時，只管觸。
想時，只管想。
玩時，只管玩。
享受每一天和每一刻的感覺。

——摘自娜拉央・雷賓森・葛雷迪[1]所著

《唱時，只管唱——禪之生活》（*When Singing Just Sing: Life as Mediation*）

記住，光是用想的、用說的，你是不能充分回答或了解這些問題的。我有位老師是韓國的禪師，他曾說：「一開口就錯。」（有時這是禪宗大師說話的方式）他們有一個說法：「別誤把指向月亮的手指當成月亮。」[2]因此，可將禪的謎語和故事看成用手指指東西。「指」並不是那個「東西」（你不會爬到「紐約市」的箭頭標誌上，認為你到了紐約市吧？）。在禪宗公案中，所指向的「東西」甚至不是一個「東西」。因此，最好把謎語或問題或故事，在心智和心靈中存著，撫育著，無論對你有什麼意義，都不回答它，甚至不要用一般的思維來理解它。這就是禪修，它是在心中保持生活的奧祕和美麗、「有」一個身體的奧祕和美麗、活著的奧祕和美麗、與家人和朋友和大自然和地球連結的奧祕和美麗、不知道所有答案的奧祕和美麗，甚至一直不知道要去哪裡的奧祕和美麗，都可以。最重要的是保持醒覺，在這一刻，用你的整個經驗、用你的感受、用你的直覺和想像力、用你的身體的感覺和作為、用你的思維，活在當下。這都是「你是誰」的一部分，但你比以上所有的更多，是一個整體，也不斷成長，存在（being）而且成為（becoming），知道而且不知道。你已經很好了，不必要變得很棒，或者更棒，你只需讓自己成為自己，不要讓自己一直障礙著自己（這是一個問題，你可能沒有，但不幸地很多人有，因此禪修可以大大幫助他們）。這是佛陀的最初發現。既特別又不那麼特別，因為每個人心的潛力都與佛一樣，不過就是保持醒覺並且專注。這也是我的朋友佐戈・貝克（Joko Beck）稱為沒什麼特別的。順便一提，她是一位七十八歲的祖母禪師，如果你見到她，會覺得她只是一個普通人，因為她就是普通人，就和你、我、你的爸爸媽媽一樣，沒什麼特別，只是非常特別。

1：Narayan Liebenson Grady，劍橋觀禪中心（Cambridge Insight Meditation Center）佛法老師。

2：《楞嚴經》云：「如人以手指月示人。彼人因指當應看月。若復觀指以爲月體。此人豈唯亡失月輪亦亡其指。」

所以，這就說到技巧。是的，是有些技巧幫你認識你是什麼人、幫你完全活著，幫你在生活中與萬物共享。但重要的是，在我告訴你幾個技巧之前，你必須記著，技巧也只是指向月亮的手指。它不是目的，只是指向你親身體驗的標記和有益的輔助方法，直到你真正「感覺」到每時每刻都活在當下的意義以前都可用，概括地說，就是「禪心」的意義。

「只管走」或「只管坐」——其實是，只管做什麼並不那麼容易。例如步行，如果你試著「只管走」，你會發現，除了走路還想著要去哪裡，或擔心遲到，或到了那裡會發生什麼事，所以你並沒有全然覺知自己的身體，像是腳、手、脊椎，或呼吸。因此，只管走並不那麼容易。你必須下功夫，這種功夫就叫做「修行」或「禪修」。對，禪修只是練習每一刻都有覺知，無論你在做什麼，不被念頭或感受分了心，無論它們是什麼，無論有趣、開心、不開心，或很噁心。不是想改變任何東西，關鍵是專注於你正體驗到的這一刻。

如果你在年輕時學習，它就成了與你同在的生活方式，會對生活產生難以置信的效果，因為它發展出你內心深處的能力，使你更聰明、更快樂、更關懷、更有趣。我們都有這樣的能力，尤其是年輕時，但年齡和生活會壓迫人，讓人忘了自己也是神奇的人，有很大的能力追尋智慧、慈悲和創意。禪修是一種讓自己不忘記的方法，也是發展你是怎樣的人的方法，全面的，終身的。於是，事情有時如神助，有時很困難，但你都能參與這些變化，助成它們，並從智慧和覺知中釐出生活的方向。如此一來，你選擇的生活會更健康，能把事情處理得更好，即使處於非常困難的時期和很多壓力之下也是如此。

所以，如果你想修行，是有很多技巧的。注意呼吸可能是最好的開始，因為你不能出門卻不帶著它。你不是一天到晚步行、或說話、或坐、吃，但一定在呼吸。因此，你可以注意呼吸，任何時候都跟它成為朋友。這樣做，生氣時會幫你平靜下來，更重要的是，它會幫助你與當下保持聯繫。當下就是這一刻，你永遠不會再有這一刻。禪宗說，勿錯過！「別讓這樣的機會溜走。」（蘇非／印度的偉大詩人喀比爾〔Kabir〕說）。

還有一件事，正如技巧不是真的修行，只是跟生活更親密的一個系統化方法，所以禪修並不局限於每天在一段時間內坐著或躺著，並與呼吸調諧。它是在生活中全心臨在當下、醒覺，並且覺知，時時刻刻，一天又一天，每件事。由於呼吸始終與你同在，無論你在哪裡，都可用它融入身體，並回到當下，因此：

走時，只管走，吃時，只管吃，讀書時，只管讀書……

你懂的。

還有一件事：練習覺知每一刻的呼吸或其他專注目標，不加評斷，沒有什麼情緒反應。正因為判斷和反應會發生，更要注意你不停評斷的心，並努力停下評斷，只是讓事情如實存在。如果你總是批判每件事、每個人，對每件事都有意見，那你的心智和心靈早已充滿思考和判斷，喜歡和不喜歡，意見會遮蔽你，讓你看不清楚。

再舉個例子。一位大學教授來見禪師，問他禪是什麼。他已大量閱讀，現在想聽聽現身說法。

禪師邀請教授在桌子對面坐下，為他沏茶。他把茶倒到教授的杯子裡，杯子滿了，他還不停手，茶順著茶杯、茶盤一路流下，流到滿桌子滿地板。

教授很震驚，喊道：「你這是在做什麼呀？你沒看見杯子已經滿了嗎？」

「我看到了。」禪師說：「跟你的心一樣，它已經充滿想法和意見，怎能指望我把什麼東西放進去呢？」

你問，佛教和禪宗怎樣影響世界？我認為它們指出生命和人類一些普世的現象，對於我們這種物種的生存、社會和個人的幸福都很重要。隨著世界越來越複雜，我們感到越來越多的壓力，需要了解如何把自己和地球照顧得更好。佛教的智慧大有幫助，也許你聽過「小即是美」，這是一部分影響，不傷害生命則是世界可以借鑒的另一部分。我認為在政界和企業界需要更多覺知和更多無私精神。如今，數以百萬計的美國人練習禪坐，跟二十年前非常不同，這是非常正向的改變。

最後，你問我覺得有什麼有趣又有智慧的不尋常信仰或修行。我猜你會說，上述所說的都有點不尋常。我們剛兜了一圈，回到觀察自心才是重點。信仰是好的，重要的是不要太執著，而看不見其他方面的現實。最後，禪只是要你做你自己，任何情況下做自己都感覺自在。這些修行無非是為了幫助我們做到這一點，並提醒我們：我們很好，也非常珍貴，而且獨一無二。

也許我說了太多，把禪說得太複雜。果真如此，那就只要擷取你覺得最有道理的部分，其餘就扔掉吧。

歡迎隨時來信，希望報告順利。

溫暖祝福！

喬

凱特琳後來來信分享了她寫的禪詩：

樹枝
疏疏的、相互糾纏
沒有畫家能剪出那剪影
唯有大自然。
魔王波旬幻化出許多形狀
黃金和珠寶和絲緞窗簾
鑽石戒指和塑膠心
從賀曼（Hallmark）賀卡來的假「我—愛—你」

它追逐、吸引、鉤上你
用空頭歌曲讓你墜入陷阱
若要追尋佛說的真理
你必須聽從舊日的豐盛
樹木、空氣和大自然的歌
一直都是真正的快樂。
（魔王波旬在佛陀證悟之前，以世間歡愉來誘惑佛陀）

兩浪之間的靜止

正念和從它而來的明察非常簡單，沒什麼特別，也很特別，艾略特在《四個四重奏》（*Four Quartets*）中說到「沒什麼特別」是：

一種極其簡單的狀態
（要求付出的代價卻不比任何東西少）

所有孩子都是獨特的，每一個都有深不可測的可能性和感受。我們能學著非常仔細地傾聽，聽到他們的聲音、歌唱、生命的質地和共鳴嗎？我們能聽到艾略特說的「枝葉中藏著的孩子笑語」嗎？因爲只有當下聽得到。

倏忽易逝的現在，這裡，現在，永遠——

一種極其簡單的狀態
（要求付出的代價卻不比任何東西少）

來吧，只有這一刻才是看得到、感受得到或聽得到的，無論是我們的孩子，還是內心的波動。只有願意專注，活在當下，並完全給予，看、聽並保持心靈敞開，才會發生。

這些你都不知道，因為你
並沒有去尋找

如果我們看，或許會驚鴻一瞥，如果我們聽，或許會聽到生命和眞正的自我正在呼喚我們：

而只是聽到，隱約聽到，
在大海兩次潮汐之間的寂靜裡。

當我們的覺知可以保有念頭之間的空間，在寂靜中，我們可以聽到：

有深藏的瀑布的飛湍聲
在蘋果林中有孩子們的歡笑聲

一次又一次，詩人深刻的洞察力提醒我們當下的召喚、嚮往、潛藏可能性。艾略特指出就是那空間，就是那寂靜揭示了我們的本質和潛能：

我們將不停止探索
而我們一切探索的終點
將是到達我們出發的地方
並且是生平第一遭知道這地方
當時間的終極猶待我們去發現的時候
穿過那未認識的，憶起的大門
就是過去曾經是我們的起點
在最漫長的大河的源頭
有深藏的瀑布的飛湍聲
在蘋果林中有孩子們的歡笑聲
這些你都不知道，因為你

並沒有去尋找
而只是聽到，隱約聽到
在大海兩次潮汐之間的寂靜裡
倏忽易逝的現在，這裡，現在，永遠--
一種極其簡單的狀態
（要求付出的代價卻不比任何東西少）
而一切終將安然無恙
時間萬物也終將安然無恙
當火舌最後交織成牢固的火焰
烈火與玫瑰化為一體的時候

這種不斷的探索是覺知的偉大作品，可融入萬事萬物。還有什麼比做父母更能培養出這般看待事物和這般生命自處的方式呢？

1：《四個四重奏》，〈小吉丁〉（Little Gidding），引用湯永寬譯文。

卷四
生命自處的方式

我們不等同我們的想法和意見。只要有這種洞察力，並摘掉篩選經驗的眼鏡，從此我們所看到的、所選擇的，以及我們如何看待自己、如何做父母都會非常不同。

孕育新生命

懷孕是自然開始或加深正念修行的時刻。由於身體和觀點、想法和情緒上的變化日益顯著，我們開始有新的醒覺、好奇和感謝。懷孕可能是一些人第一次完全體驗自己的身體。

孕期中所經歷的無數身體和情緒的變化，給我們一個獨特的機會，親密處理正念修行的許多層面——專注於我們的體驗、完全活在當下、覺知我們的期望、培養接納和慈悲，尤其對自己和孩子感受到深入的相互連結。

伴侶也有很多機會將正念融入這個特殊時刻。懷孕是一個重大的轉變期，對身體、情緒和人我關係都是。伴侶可將正念融入，去體會那些新的、不自在的，還有對不斷變化的身體和小寶寶誕生後不可避免的生活轉變。伴侶參與規劃和選擇，並全新地感知自己奉獻和關懷的能力。

開放的覺知和接納，就是認識並尊重這種兩個成爲三個，三個成爲四個……整個過程的特殊狀態、奇蹟和奧祕；這種覺知在寶寶出生後，更不可少。

懷孕之前，我們可能一直不斷地「有所作爲」，以一種超光速推進：快速、比較沒有自覺、越做越多。突然之間，我們發現自己在一個更慢，更接納的「無所作爲」模式。有時感到極度疲勞，必須放慢腳步，因爲身體努力工作，新形成的神奇胎盤和大量增加的血液供應，正在創造、成長並滋養胎兒。如果我們忽視這些變化，還像往常一樣的向前推進，便難以用不同的角度、慢一些、自覺些和敏感些來感受這個世界，而錯過了一個豐盛且快速消逝的機會。即將分娩不斷把我們的念頭和想像拉向未來，不斷變化的狀態也越來越吸引我們進入正在發生的奇蹟。

懷孕中自然向內心聚焦，讓我們有機會體察自己，用呼吸扎根並更深地感知當下，更加了解我們的念頭、感受、身體和胎兒。讓呼吸變得慢而深，清楚哪裡感到緊繃，讓它隨每一呼氣而出。只要我們時時刻刻觀察感受的變化，接納感受，過去用來掩飾或故意不看憤怒、恐懼或焦慮的能量就會釋放出來。

每次懷孕都不同，每位孕婦也不同，每天的狀況更是不同，懷孕的經驗可能是：感覺比從前都健康、精神煥發、極度幸福，到難以置信的生病、愁雲慘霧、動彈不得。我們難免失望、憤怒或沮喪，因爲所經歷的，跟原本以爲懷孕該像什麼、該感覺怎樣的種種期望都不相符。

充分認識各種信念
看見並相信身體的智慧和力量

懷孕期間的正念，不意味著「應該」有一定的感受，或說必須達到最適合胎兒和自己的理想狀態，而是承認並接受我們的感受和體驗，盡力與它同在。這樣扎根於覺知和接納，往往會帶來更大的平靜和放鬆，以及身心健康的感覺。

我們始終帶著不同程度的痛苦經歷、困難的家庭關係、已經或還沒療癒的舊傷。當我們準備成爲父母時，從童年就一直接收到的評斷、批評、有條件的愛所造成的創傷，便開始療癒了。只要我們意識到自己正在評斷或貶低自己或他人時，便可以覺知這些念頭，提醒自己，這些念頭不過是念頭，刻意把注意力帶到呼吸，重返當下。

另一種療癒的方法是，每天找一些時間，專注內心，沐浴在慈悲、不評斷的能量中。有些人會感到很自然，很容易就將慈愛和接納導向內心和孩子；有些人則很難產生這種能量，感到生硬或尷尬。若是覺得困難，可以觀想我們關愛並接受的人或動物，有慈愛和接納的感受時，也讓這些感受流向自己。

當我們專注內心，知道自己正經歷許多變化，我們可以將覺知導向有關懷孕、陣痛、分娩、做父母等一切根深柢固和充滿感情的信念。這種自覺或不自覺的信念，源於經驗、所看所聽的媒體報導，以及從家人、朋友和熟人聽來的故事。這些由來已久、未曾頻繁檢視的信念，會爲未來的分娩著上希望和恐懼的色彩。

請記住，任何有關分娩的信念，不一定「眞實」。它們只是信念（beliefs），或如同我們一個孩子四歲時說的：「相信的事」（believements）。要是我們刻意覺知它們只是念頭，特意檢視它們，去了解最早餵養它們的起源和脈絡，便可化解它們對我們的心理可能造成的負面影響。

這些懷孕、分娩和做父母等負面的信念和心態的有毒種子，可能在親友隨口說說時就不知不覺地種下了。如果又是來自我們認爲有力量又知識淵博的權威人士，影響力就更大了。若想更認識自己的分娩信念，可跟母親和祖母談談她們的分娩經驗，聆聽其他家庭的分娩故事，盡可能地多了解細節。也可以找這方面的專業人員，他們參與過許多生產情況，沒有施加不必要的醫療介入。

例如，有人講述二、三十年前，孕婦陣痛時躺著（這是個不良的陣痛和分娩的姿勢），施打了麻醉藥無力分娩，後來胎兒呼吸窘迫，只好動用產鉗。或是以剖腹產告終的一個故事，可能是孕婦被勸打減痛分娩，不能下蹲，加上孕婦感覺不靈敏，沒有辦法有效地用力分娩。一旦了解了多數人任由醫療介入的生產過程，再跟沒有非必要介入措施的生產故事平衡一下，我們會看到並信任身體在分娩時自然產生的力量和智慧。

了解什麼是常態生產之後，我們會認識並且理解，雖然不能控制一切，但可以創造一個正面的分娩環境，盡量減少或完全沒有醫療介入。

這個過程有一個重要環節就是，選擇誰來協助我們準備和分娩。分娩教育工作者、助產士和從業人員跟每個人一樣，都受他們所受訓練和本身獨特的經驗而形塑。他們也有自己關於生產的信念。有人相信身體的能力，分娩不必有醫療介入，常參與這類生產的人，經驗比較豐富，信心也較強。理想的情況是，他們較能尊重並把生產的權力交給孕婦。準備生產期間，跟相關的專業人員見面，正好看清楚自己，並將天眞無知和以爲自己有「主控」的盲目信念擱置一旁。

如果可能，多跟幾個人面談，問一些特定的問題，如在哪裡執業、不在時誰可以代班、引產的標準是什麼、剖產率多少，你可以知道他們對分娩的心態和如何執業。若知道有哪些媽媽挑選過這些醫護人員，細聽她們的經驗也有幫助。

傾聽從業人員的用語，詢問他們喜歡怎樣工作，我們會看到不同的觀點，並決定哪些人讓我們感覺良好。藉由閱讀、跟人談話，並注意自己的感受和反應來收集資訊，我們會越來越認識並尊重我們感到自在的事，更熟悉我們覺得重要的事。

做好準備之後，最終的問題是哪裡、與誰共事我們才感覺最安全、最心安。有些人一開始以爲醫院最安全，一番探詢之後發現自己最希望在家生產。有些人起初想要在家生產，後來卻覺在醫院或分娩中心更放心。

用更開放的心，創意處理我們所面臨的限制，加上收集資訊、自我覺知和直覺，可幫助我們做出明智的決定，並規劃最適合我們和孩子需要的路徑。

分娩

分娩陣痛的力道和強度把我們拉入當下的每一刻。每個陣痛都是獨一無二，有它自己的節奏和拍子。有時陣痛和分娩會有一種安靜、神聖的感覺：每個人各就各位，陣痛穩定進展，然後逐漸增強，直到胎兒出生；有時分娩像場狂野的喜劇，直叫人們在瘋狂和混亂的氣氛中橫衝直撞。

分娩需要在場成員放下自身的期望和判斷，對隨之而來的每一刻全心全意地敞開心接納。分娩前，我們可能會想像陣痛可藉由按摩和撫摸來舒緩，但真的開始時，卻發現根本不想被人觸碰！有些孕婦計畫播放音樂，邀請朋友一同參與，但陣痛來時，卻只想要安靜，少數人在場！我們腦中可能原來有個聖母生產的安詳畫面，但開始陣痛時，卻只能生氣、沮喪、咒罵或抱怨，還會粗魯地大叫！

陣痛給我們機會，摘除社會加諸在女性身上的標籤，例如安靜、仁慈、體貼、整潔、照顧別人等。分娩要我們自在地做自己，怎麼看待自己都可以，自由地向內專注，並完全專注眼前。如果周圍的人任由我們在這奇妙過程中自由行事，給予我們自主權，那麼，分娩可以是強而有力的肯定和內心深處的療癒，讓你初次領略生命的新領域。

如果懷孕期間用呼吸來培育正念，當陣痛開始，便可熟練地應用，幫助自己活在當下、放鬆和專注。隨著陣痛越來越強烈，還可以用呼吸來接納疼痛和分娩的每分每秒。儘管有時陣痛強烈難耐，但當我們面對這巨大和未知的進程，陣痛會喚起一種覺知，有助於我們完全接納，並體驗自主權。生產的結果不僅要迎接並養育新生兒，還有一個延續終身的強力體驗。

在陣痛中培養正念，是在子宮收縮逐漸增強之際，提醒自己保持緩慢而深沉的呼吸，用吸氣與強烈的身體感受同在，用呼氣釋放身體的緊繃或阻礙。每次收縮的結束，總有一次休息，無論多短促，讓我們有機會換個姿勢，喝一口水，擁抱一下，甜蜜一笑，或只是專注呼吸。我們覺知，活在當下，更能看到或感知每一時刻。

運用呼吸全然地活在當下，在一切的疼痛或不適中吐納，比起分散注意力或與陣痛纏鬥省下更多能量。身體自有內在的智慧，抗拒和緊繃會讓子宮頸更難張開，分娩更加困難。緩慢地深沉呼吸，換個姿勢來處理當下的感覺，請支援的人按壓或熱敷，表達沮喪的情緒，握著伴侶或朋友的手，都有助我們在陣痛時全心與當下同在。

準媽媽常會發現，擔心分娩的痛苦比陣痛本身還糟；如果能刻意體驗每次收縮，不去擔心時間長短，或想著下次陣痛的來臨，便能保有更多的正面能量。

我們習慣將疼痛與病變連想在一起。陣痛和分娩的痛苦是激烈生理過程下的健康疼痛，正如子宮收縮首先要張開子宮頸，然後施力把胎兒推擠出來。我們可將正向的「相信的事」融入陣痛，把強烈的力道和痛楚，和心中刻意喚起的意象連結起來。例如子宮頸像一朵正在綻放的花，或子宮每收縮一次，胎兒就往下一些。讓喉嚨發出「哦」和「呃」等聲音，把開放的喉嚨和開啓的產道連想在一起，這樣是另一種刻意「進入」強烈陣痛來處理疼痛的方式。

分娩就像做父母，是一個過程，每種情況和每個時刻帶來不同的挑戰。有時我們全然地正面迎戰；有時撤退、封閉並啓動自動導航；有時甚至完全失控、抱怨、咒罵、排拒痛苦的感覺。

我們一旦感到退縮並關起心房，只需重返呼吸。呼吸可以讓我們重新專注每一刻，每一刻都是眞正的新的開始，這正是子宮收縮需要的，尤其是感覺倦乏、焦慮或氣餒時。我們願意體現而且反映出一切新的開始。而在所有準備和辛勤努力之後，寶寶誕生了，新的家族排列[1]也隨之誕生了。

分娩就像生活，有時會出現難以預料的情況。我們不能預期或控制可能發生的一

1：family constellation。德國當代大師海寧格（Bert Hellinger）認爲，每個家庭在集體潛意識的深處，都有一股隱藏的家庭動力，每個成員都受影響。家族排列的功能就是協助辨識這股動力，把它帶到光亮的地方。調整家庭系統，讓愛重新流動。

切。分娩是溫柔對待自己的過程。當我們感到自己和分娩不符合原先的期望時，原先想要事情非得如何的強烈執著會造成極大的痛苦。我們可能會意志堅定地要「自然」生產，後來卻主動要求用止痛藥或處於需要醫療介入的情況。在這些時刻，我們對「完美」生產或「完美」寶寶的期望會變成阻礙，以致無法回應當下情境。面對意料之外的事，正念一點也不被動。即使在非常困難的情況下，我們仍可以信任我們的感受和直覺，並盡一切所能做出必要且即時的決定。

處理一切出現的情況，放下事情非得如何的強烈期望，並不容易。這是讓自己有時間充分體驗感受——沮喪、憤怒、失望、恐懼、悲痛。對自己懷著慈悲，也對我們的困難、我們的努力、我們的限制和我們的人性懷著慈悲，才能療癒並重建自己。

懷孕期間，我們多半以生產為目標，直到寶寶出生才會了解，這只是開始，但在懷孕和分娩時做的內在功課，便是懷著正念做父母最佳先修課。分娩時，我們強力而直接地被拉到當下，被迫放下成見，和正念修行的本質聯繫起來。藉由小寶寶的誕生，我們的身心也誕生出新的可能性。

身心健康

當我們開始將正念融入生活和為人父母之道，新的覺知會導引我們重新審視並質疑許多視為理所當然的基本假設。

例如，常有人問新手父母：「寶寶可以一覺睡到天亮嗎？」這個問題的背後，自然是關注父母，但前提是假設嬰兒都應該徹夜熟睡，以及父母的需要應優先考量。

一些不請自來的的建議，往往讓這些假設浮上檯面，例如：「要確保你們有時間單獨相處。」「注意你們倆的關係。」「把寶寶交給褓姆，來個兩人約會。」仔細觀察，這些重點都著墨在父母的幸福，寶寶被看成吃苦耐勞又堅韌，父母反而成了弱勢，需要保護。當然，新手父母在這段劇烈的調整期中，會出現各種加諸在他們身上的新要求，需要照顧自己和彼此，也需要朋友、家人的關懷和支持，但重要的是，不能因而低估或忽略寶寶的需求。如果我們有些覺知，便可以設法照顧自己，又不致犧牲孩子。

決定要成為什麼樣的父母、把什麼當做優先重點，必須知道跟孩子建立並維持信任和連結感有多麼重要，這是爲了他們長期的幸福，也是爲了家庭長期的整體幸福。研究者丹尼爾・斯特恩（Daniel Stern）表示，親子之間親密時刻和交流中最關鍵的，似乎是「孩子知道有人以同理心接受並回應她的情緒」。這是**同頻**（attunement）過程中的一部分。我們知道，嬰兒時期的同頻會形成孩子日後的情緒能力基礎，這促使我們每時每刻更專注於親子實際的互動，尤其是孩子小時候，也專注於各種照顧子女的決定。

比方說，寶寶晚上不睡覺。父母疲憊又沮喪，決定讓她「哭個夠」，等到她「懂了」就會睡著。想像一下寶寶會有什麼感受。寶寶和父母形成一個相互聯繫的整體，如果寶寶無法滿足，也無法與人連繫，苦惱的感覺可能淹沒她，唯一選擇也許是關上心門。既然許多成年人肯定也曾得不到他人的回應、感覺失聯並封閉自己的感受，憑什麼認爲我們可以這樣對待能力遠不如我們的小嬰兒？

懷著正念做父母的重點在於親子需要的相互關聯，而不是把寶寶的幸福視爲自己幸福的競爭對手。威廉和瑪莎・西爾斯說：「相互給予，從生物學觀點來說……當母親餵孩子母乳，她給出了營養和舒適；寶寶的吸吮又反過來刺激釋放增進母愛行爲的激素。媽媽可以餵母乳而哄睡寶寶，原因是母乳中含有一種睡眠誘導物質……同時，給孩子哺乳，也分泌更多的催乳激素，對母親也有安定寧靜的作用，就好像媽媽哄寶寶睡覺，寶寶哄媽媽睡覺。」我們和寶寶在許多方面都高度連結。認識清楚之後，我們在很多做法上都會大大不同——包括餵母乳、跟寶寶同床共眠。

帶著正念做父母並不是說，當自己和寶寶的需要兩相衝突時，不會有強烈的挫折感，例如，凌晨三點，孩子想要被抱或走來走去。我們的第一個想法可能是排斥，若刻意把正念和洞察力融入這一刻，我們會承認憤怒、怨恨和沮喪的情緒，也承認同理心和理解。若把我們所面臨的一切都看成帶著正念做父母的修行，便會看出那一刻我們並不想滿足孩子的需要，以及只能二選一的想法——不管看起來如何理性又合理，並根據內心更大的智慧來回應。這樣對待當下，便可找到眞正具有創造性的解決方案，又不致於犧牲孩子的福祉。這樣一來，當我們突破自以爲的極限，自己的幸福也得到滋養。

嬰兒不會當嬰兒很久，這段完全依賴父母的生長成型階段，相對短促且珍貴。在此期間，他們的幸福感高度取決於我們如何與他們時刻的感覺和需要同頻，以及我們回應的品質和一貫性。因此，帶著正念做父母是要竭盡所能尊重孩子最需要我們之處。

滋養

攝取營養是一項基本的人類功能，雖佔用了大量的時間、精力和思維，但通常少有覺知。哺育孩子雖是父母日夜從事多次的活動，但因爲同樣缺乏覺知，所以看不到、也不理解提供孩子營養的重要性何在。如果父母理解人與人之間的連接和互動有多重要，就更能配合嬰兒全方位的需要，並從多方面來餵養他，而不僅僅是餵飽肚皮。

奧吉布瓦人叫鏡子是瓦比木吉恰各旺（wabimujichagwan），意思是「注視你的靈魂」，這個概念捕捉到一些形像和本質的奧祕。如果我們真是寶寶的一面明鏡，而且注視會形成自我的邊界，那麼，我們可能也在幫助寶寶形成靈性的自我。在濃濃愛意的凝視下，時光停止，空氣變暗，地球變冷，我們的生命也有一種深度的正確性。

——露意絲·艾芮綺（Louise Erdrich），《藍鵲舞蹈》（*The Blue Jay's Dance*）

無論選擇瓶餵還是親餵，我們根據孩子提供的線索來回應：他們要吸奶，就餵他們，有感地抱著他們，接近我們身體的溫暖和舒適，同時確定自己常常遠離手機和網路，放下書本或報紙，關上電視，全心注意孩子，培養凝視的藝術，這就是修行。

如果嬰兒是定時進食，那麼，是成人決定餵養時間，他餓不餓都無關緊要。如果嬰兒不是先感覺到餓了，然後父母依據各種隱微或明顯的溝通方式來回應，他很容易與餵養的人失去連繫。換句話說，他自我調節的能力受到否定，他被放在一個被動的角色。他對執行自己意志和取得適當回應都沒有控制，沒有自主，沒有經驗。餵食成為一個解離（dissociative）的體會，而不是一個活躍其中、不斷滋養並加強親子信任感和連結感的經驗。

一旦我們循著寶寶所顯示的線索來回應，他們便會加強並建立自主感。他們體驗到，自己的確能得到所需要的東西，而且能敦促周圍世界適當地反應。這種一再達到預期效果而建立的信心本質，稱為自我效能感（self-efficacy）。許多研究顯示，自我效能感是唯一且最有力預測健康和療癒的因素，是處理壓力的能力，也是成人和兒童增進健康生活的能力。童年若有這種親密和兩相回應的互動，會建立起強大而廣泛的自信。

媽媽可能因為不同原因無法親餵，徒生煩惱、挫折感和力不從心等等感受。如同前文提到分娩時非得如何不可，哺乳可提供另一個機會，教我們以仁慈和接納來面對自己和當下。畢竟如何抱孩子、看待孩子和回應孩子，要比親餵還是瓶餵更為重要。

如果是親餵，最好能跟過來人或團體尋求支持。親餵初期往往充滿挫折和困難，令人招架不住，但有時看似不可能或令人喪氣的問題，解決方法其實很簡單。只要有過來人給予支持，自己又有意願，便可以在最初的幾個星期內，對自己和身體，以及巧妙的身體可以做的事，充滿強烈的自信心，後來，親餵就不費什麼力了。

現在社會大衆更加認識到親餵對健康有益，也在其他重要方面有幫助，如情感上的慰藉、母嬰連結感、身心調整生物節奏（母親的身心如何跟寶寶互動）及長期的神經和發展影響等。

我在親餵時，觀察到孩子會立即進入深度放鬆的狀態，無論那一刻發生了什麼事。這讓嬰兒從世界的刺激暫時退出，進入安慰、撫育和復元的安詳地帶。幼兒會從一段距離之外的玩耍和探索移出，回到我這裡加油。那個時候，他們其實已經開始吃副食品了，並不是爲了食物前來，而是爲了更新內在的力量、靈性和精神。

親餵有另一個重要而獨特的面向是，需要嬰兒專注努力地吮吸。剛開始吸吮時，只能吸出很少的乳汁，到某一個時間點，你可看到他們切換到長而慢的吸吮，這表示乳汁流動了。孩子放鬆到令人滿意的節奏——專注、努力，但放鬆。當乳房清空了，他們往往還會繼續吸吮，滿足內心舒適、平靜、放鬆和平衡的需求。

幾年前，我參加由母乳聯盟（La Leche League）主辦的一次會議。大禮堂裡坐滿了女人，抱著嬰兒或學步兒，有的在哺乳，有的和孩子相依偎著。感覺孩子圍繞著母親眞是美好。

喝母乳的嬰兒和學步兒都把母親看成「源頭」，會把「出外探索」和「回歸安全感和滋養的源頭」兩相平衡。「抱著」不是控制或截留，而是留在母親的領域中，因爲母子密切聯繫。又由於扎根於跟母親和母親身體的連繫，孩子們得以自如地來來去去。

我覺得不可思議，滿滿是小孩子的禮堂竟能一直保持安靜，這是被抱著或被哺育、被母親光環擁抱的一種滿足感。

心靈食物

孩子幼小的時候，大人總說他們臉頰紅潤，我聽時會心一笑，我知道那些紅潤來自何處，餵母奶！

我曾經一直焦慮奶量多寡的問題，經歷了頭幾個星期痛苦不堪、令人沮喪的餵奶期之後，親餵開始讓我放鬆，因此放緩了心情，其他一切都不重要了。我放下原本打算做的事情，回到當下，完全與孩子同在。這對我倆都是深刻的修行時光。

餵母乳是我的母愛的巨大基礎。這給了我很大的信心，無論何時何處，我都能餵養寶寶撫慰他。當我將寶寶抱在胸前，他臉上滿是喜悅，一開始吸奶，乳房排空了，便吸吮安慰，進入完全放鬆的狀態。

寶寶開始學走路之後，也吃各種食物，但母乳仍然是安慰的源頭。如果他這一天很累，活動鋪天蓋地或受到過度刺激，親餵往往可以恢復他的活力。無論我身在何處，寶寶爬到我的腿上，依偎在我的懷裡，便可創造出一個安靜的空間。集中精神哺乳，我身體的溫暖、呼吸的節奏，讓他釋放緊繃。吸奶讓他跟我持續連結，建立起深厚的安全感和自信心，我能感覺他生命的每個面向也是如此。寶寶對世界的經驗扎根於身體——他跟我和我身體的關係、他對自己身體的經驗、吸奶、被抱著。這種扎根有助他帶著滿足和自信與外在世界相遇。也許是因爲我們一直任他當個小小孩，他在相當早的年紀就很自在地不穿尿布了。

寶寶開始說話之後，會引出頑皮、俏皮、幽默的一面。兒子一歲半時，說了生平第一個笑話。他一副調皮的樣子，吹我的乳房，好像要吹涼它，然後說：「燙！」快樂地面帶微笑。他兩歲半時，一天早晨我在哺乳，我說：「我們下去吃早餐。」他回答說：「吃奶！」每次我想移開，他就說：「吃奶！」最後我說：「你這小笨果果！」（笨蛋和乾果仁是同一個字）他望著我，說：「不，我是葡萄乾！」我們一起笑了起來，緊緊抱在一起，然後下樓去吃早餐。

我的身體是孩子生活景觀中基本又熟悉的一部分。孩子對哺乳、乳房和乳汁有自己獨特的話語，「奶克」（Nuk）和「奶呢」（Noonie）是我的最愛。一次我一邊乳房有乳腺炎，皮膚破了，兒子實事求是地叫它「不不（booboo）邊」，叫另一邊「喜歡的那邊」。

老么愛押韻，創造力充分發揮在吃奶上。有天早上，她歡迎我時這麼說：「哦，奶呢是我最好的果汁啦，駝鹿麥菈！」此外，她有很多方式來表達「奶呢」對她多重要，而且非常戲劇化。一天洗完澡，她把毛巾圍著自己說：「我不要讓金子從奶呢裡掉出來。」還有一次，她用莎士比亞戲劇中悲慘的聲音說：「我的奶呢被搶走了！」

斷奶過程中，孩子對哺乳的幽默感仍然繼續。我告訴么女她只能「隔一段時間偶爾」吃奶。她很想吃奶，於是反駁道：「昨晚算一次，現在已經隔了好久了！」這是我們第一次的雙邊談判。她越大，我必須越努力配合她的談判技巧。

哺乳對孩子的影響就是這麼強大，有時即使我的身體不在，仍可以施展魔力。大女兒兩歲時，我出去一整天協助接生。下午我給家裡打電話的時候，喬說她非常想跟我說話，我知道只要她一聽到我的聲音就會悲從中來，告訴我她想我。果然，她一拿起電話就哭了起來，要我馬上回家。我告訴她，我可以回家時就會回家，她的反應很哀怨：「我要奶嘰（nukky）！」我說：「我回家就餵你。」她的聲音很堅持：「不行，現在就奶嘰我！」我想安慰她，就非常溫和地說：「好，我現在餵你。感覺怎樣？」她不說話了，喬說她坐在那裡閉著眼睛，放鬆並且冥想，讓我在電話中「餵」她。

不管孩子是生氣、挫敗、不知所措或累壞了，哺乳都帶來安詳和滿足。當他們接受這種形式的愛時，是最有愛心的自我。一晚，我親餵女兒入睡，她看著我，用最充滿愛意的聲音說：「媽薩，你好甜喲！」我們都沐浴在甜蜜中。

即使斷奶之後，我的身體仍然是孩子舒適和幸福的來源。有時他們入睡，手會放在我的乳房上，臉上漾著美好、安詳的表情，好似能把他們帶回幸福的生命狀態，深深滋養他們。

全家的床

在現今的社會裡，我們對於睡覺有些不一樣的想法。也許我們已經富裕到能讓孩子睡在自己的房間，小嬰兒也一樣，但這樣一來也就把孩子和我們區隔開來。親子分開入睡可能是一種「先進發展」社會的褫奪，而非滋養。父母和孩子都會是輸家。

我們的小兒科醫生建議讓老大睡在自己的房間、自己的床上，讓孩子知道：按照我們的規則行事，學會獨自睡覺，不打擾我們。但是，父母不就是希望被打擾啊！事實上，我們認為打擾很必要，寶寶跟我們是一起的，他睡在身邊，藉著我們身體的柔軟和溫暖來放鬆，他沐浴在我們與他同在的安全和舒適中。對世界、對他和對我們來說，都再好不過了！

我們的滿足無法言喻，當孩子睡在身邊，我們無須擔心聽不到他的聲音，也無須一直掛心著他，因為他就在身邊。

好幾年來，我們一起入睡，一起呼吸。即使他是睡在自己的床上，我們的床也經常是他開始入眠，或清早醒來的地方。兩個女兒出生後，由於年齡很近，曾有一段時間，她倆都睡在我們床上。後來，我們得買張更大的床。

早先幾年，我們從來沒有一覺睡到天亮，孩子會在夜裡醒來好幾次，有時是要吸奶，有時是其他原因，如長牙。每個孩子都是獨特的，有些很早就能一覺到天亮，也有很多孩子就是沒辦法。

有時我們也想，是不是花太多時間陪他們，而且他們想吃奶就餵，才鼓勵他們夜裡醒來？這當然是原因之一。儘管我們有質疑，仍然跟小傢伙一起睡。面對這個困難，我們就像處理其他事一樣，努力找出平衡。很疲憊又沮喪的時候，我們就讓孩子覺得醒來並不是件美事；有時只是喬帶著他們走一走，而不餵母乳。

我們有個更大的意圖，感受到我們身體存在所帶給孩子的安全感與寧靜，並滋養他們的生命。晚上與孩子同在，幫助他們在自己的身體上和世界上扎根，因此他們在白天好奇而不狂熱，活躍而不失控。無論是喜悅的笑、憤怒的呼喊或是充滿愛意的擁抱，他們完全置身當下。

我們分享這個睡眠安排的經驗，是因爲我們強烈感覺，孩子小時候這樣照顧很重要這樣做。我們希望年輕夫婦知道，這是一個選項，而且可行，也可納入我們的修行觀點：做父母當然有難度、也要紀律，在許多方面非常艱鉅，同時也讓人深深心滿意足。年幼子女跟父母一起睡，就像許多事一樣都是有代價的，但也會有顯著效益，就是信任和連結，而這可以助我們度過許多難關。

找出滿足嬰幼兒需要，同時自己也感到自在的方式，需要開放、靈活和體貼，還要願意從我們固著且經常不加檢視的假設中伸展出來。這並不容易，因爲我們會碰到自認爲的極限之處，感覺不安全、受威脅。此外，如果夫妻雙方的觀點或價値相左，要嘗試新的育兒方法就會特別困難，在這種情況下，正念溝通就更爲重要了。

把覺知融入父母之道，有很多方法。帶著正念做父母只需要注意我們在做什麼，並持續檢視這些選擇對孩子和自己的影響，也就是持續探詢我們在做什麼、爲什麼而做。

我們相信，最重要的是溫暖和舒適、親近和餵養，以及邊界和限制等決定，最能夠促進家庭的幸福快樂。要自覺地對孩子和父母的需求保持一定的敏感，必須將正念融入那些決定。沒有所謂「正確的方式」；促進孩子健康和家庭親愛始終有很多方法。

如果同睡一張床不適用於你或配偶或孩子，不妨擺張床在床邊，或讓他睡在隔壁房間。重要的是，找到自己培養信任感、安全感和連結感的方法。

最終，你必須做感覺對的事。有些事在理論上對孩子「好」，但試了一下發現自己感到緊綳、不自在、有牴觸，那它能有多「好」？

最好是父母雙方不斷地問自己和對方：子女的最佳利益是什麼？攜手找出就寢問題的解決辦法。分享見解，檢視充滿情緒的反應，努力從孩子和對方的角度看事情。

卷五
共振、同頻和同在

處理一切情況，放下事情非得如何的強烈期望，並不容易。這是讓自己有時間充分體驗感受——沮喪、憤怒、失望、恐懼、悲痛。對自己懷著慈悲，也對我們的困難、努力、限制懷著慈悲，然後療癒並重建自己。

共振

一個音叉振動時，附近的音叉也會振動，尤其全都調整到相同的波長時。其中一個振動體的活動會引起另一個振動體的共振、共鳴，這個過程稱爲**牽引**（entrainment）。當小提琴演奏A鍵，同一房間內的鋼琴A鍵也會受到牽引而振動。

親子也不斷影響彼此的共振。我們的生命在對方生理、情緒和心理的力場內環繞，我們不斷以隱微和明顯的方式相互作用和影響，即使我們有時知道，有時完全不自覺。

科學家已經發現，只要我們同在，大腦也會產生共振。當大腦觀察到其他人從事某一特定活動，尤其是涉及情感，感覺大腦皮層的特定細胞會發射，這是同理心——我們跟他人**一起感覺**的能力——的神經學基礎。我們實際上是在體驗彼此大腦的同一區域用類似模式發射。

呼吸是基本的生物節律，我們每個人都藉呼吸與生活共振。調到這樣的節奏是一個實際與寶寶共振的美妙時刻。我（喬）與孩子一道呼吸，把更多正念融入當下。當我和寶寶躺在吊床上，寶寶睡在我的懷裡，或者深夜我和寶寶來回走著，我們兩個人一同呼吸，彼此共振。

如果我們刻意覺知和寶寶之間的共振，我們的關係會成為持續不息之舞、各種能量交換，有時和諧，有時不和諧。即使我們半小時後要做晚飯或洗衣服，或一時被電話打斷，但沒有一刻比當下的共振更豐富的了。

牽引發生在家庭許多不同層次。有時候，它會把我們帶到不想去的地方，也不知道自己是如何走到那一步去的。如果我們不覺知那一刻的能量，它很容易纏住我們。當我們陷入抑鬱，或憤怒，或焦慮，或其他的感受狀態，它會把我們的情緒往下拉。在家庭中，我們不是常常捲入不斷變化的能量之舞，在不同的頻率振動，並以念頭思想、感受和它們的表現，言語和非言語的，通過我們的身體、行動、我們對人對事的情緒反應——有時是極微小的，與對方的能量互動？如果我們知道自己會與他處來的力量共振，就可以學著在人我關係中更巧妙地融入這些節奏，卻不致失去平衡。

孩子可以進入強大能量狀態，以多種方式影響我們。如果我們覺知到這一點，就可更感知自己，更自覺地回應。如果他們碰撞到某個頻率，我們不必自動產生相同頻率的共振，對雙方都沒好處。

同樣地，孩子也體驗著很多整合和奇妙的時刻，我們可以跟他們一起體驗，跟純粹的快樂時刻共振。

夏季，一個戶外餐廳，一對年輕夫婦帶著兩個孩子，一個約三歲，另一個約四個月。母親親餵嬰兒，嬰兒依偎在她身上。很長時間裡，嬰兒的臉埋在母親的乳房中，但她的手一直跟母親的手玩著。後來，她的頭露出來了，躺在母親的腿上，凝視著她。媽媽跟她說情話，寶寶張開嘴，藍色眼睛也睜得大大的，欣賞著母親。她的眼睛如此開放，嘴如此開放，臉也如此開放，她是這一刻純粹生命的存在。

母親低下頭，觸碰寶寶的額頭，然後收回來，寶寶笑了，兩人之間有一個完整的連結力場。在這一刻，這個嬰兒在母親的軌道上，兩人用千種方式說話，穿過她們身上接觸之處，穿過她們之間空氣的千種波長。

後來，父親抱著嬰兒的姿勢，讓她可以從他肩膀看出來。她安頓在他的身上，眼睛睜得大大的，完全接納。她看到了我（喬）的臉，目光停下來，我笑了，立即偵測出來她注意到我的方式，那是注意到新奇事物的樣子，她笑著，像祝福那更加純淨世界。她姊姊的臉龐也是開放的，她坐在桌子旁，我能感覺到，她也安頓在身體和家人的力場中，形成了一個不可分割的整體。

這不過是普通的一餐，但兩位孩子感受到父母頻繁的交流，形成了愛的連結，並對年輕的生命宣告了這世界的仁慈和接納，尊重這天眞，並滋養這生命的存在和形成。

同頻

同頻，帶來和諧。

跟孩子同頻是覺知他們捎給我們的信息，不只是他們說的話，而是他們生命的每一方面。

我（麥菈）走進當地的咖啡館，看到鄰居一面等朋友，一面親餵她九個月大的嬰兒。我說嗨，寶寶好奇了，停止吃奶，抬起頭，給了我一個大大的微笑，然後回去吃奶。我排隊等待時，她開始和我隔著一段距離玩遊戲。她吃一吃奶，然後低下頭，上下顛倒地看我。她笑一笑，又回去吃奶，然後再次低頭，望著我。她的母親從她身上得到暗示，讓她隨意移動身體，跟女兒的快樂一起開懷地笑。在這個下雨的星期三上午，鄰近的咖啡館，有一個小嬰兒沉浸在幸福中。

我想起了孩子還是小嬰兒時，我幫忙照顧朋友十個月大的兒子。我走路的時候抱著他，嘗試不同的花樣，覺知他如何回應，直到我找到溫和向上和向下動作的適當組合，同時輕聲軟語、有節奏地唱誦。我把呼吸慢下來，覺得他的身體也柔軟下來並放鬆地跟隨著我的身體。當我跟他一起坐下來，他用整個身體讓我知道「不要，不要坐下來，抱我，跟我一起走走」。然後，他開始出一點點聲音，我學會了，就跟他一起發出那聲音。他的頭靠在我的肩膀上，我覺得他身體柔軟下來而且越來越沉，不久就睡熟了。我慢慢躺到沙發上，感覺他的溫暖和柔軟，享受他皮膚甜蜜的氣味。他與父母有過多次類似的經歷，每一次，他的信任都增加了一點。

在這個春季裡下著雨的一天，他再次發現，他可以依靠另一個人。他從我這裡感到的共振告訴他，他想要和需要的都很重要，且會受到尊重。他一旦得到所需要的，就感覺到自己的力量，於是滿足、安全、安詳，這些都是由一個小小的接觸而來。

母親看到幼兒越來越活躍，就要到撒野和失控的地步，她決定躺在地毯上，讓他爬到身上，玩她的頭髮。她其實是讓他重新與她聯繫起來。漸漸地，他開始安靜下來，慢下來，一段時間後，他躺在她身上，休息，安頓在她呼吸的舒緩節奏裡。她幫他調到她平靜能量的頻道。她明白孩子需要獨立和分離，同時，也需要親近和連結。在客廳地板的這一幕，將這一切發揮得淋漓盡致。

隨著孩子年齡漸長，親子之間的同頻變得更加複雜。十歲大的孩子從學校回家，一進門，滿臉怒容。「我餓了！」她用激烈的聲音說。我在瞬間看到她在學校受了氣，不堪重負，即將土崩瓦解。我已經學會在她回家時準備好點心，我還吃過苦頭才學到，不問她問題，給她的空間。這不是抗議她的語氣或教她禮儀的時刻。喘息一下之後，她會以較友好的方式看著我，要不就給我一個擁抱，要不就回到房間聽音樂。

面對年齡更大的孩子，敏銳地感知他們需要單獨專心做事時就是跟他們同頻，尤其是在同一個空間時。這也是知道什麼時候伸出援手，小小地滋養他們一下。

我坐在朋友的廚房裡，她十六歲的女兒嚷脖子痛，她母親問哪裡痛，於是我們一面說話，她一面按摩女兒的脖子，有時停下交談。她摸到結鬆開了，就安靜地讓她知道。我們繼續一面說話，她一面按摩她，約十五分鐘後，她的女兒離開了房間。朋友告訴我，這種時刻很罕見，其他的成人在場可能有幫助，在母女之間製造多一點距離。看到這位母親很敏感，願意對她女兒無預期地主動找她敞開心懷，又能欣賞珍貴的那一刻，眞是美妙。

我們現在跟孩子相處和諧，並不意味著永遠和諧。要在巨大的不協調和衝突的時刻產生同頻，需要我們每一公克的能量和洞察力，使我們就算在奮鬥當中，還有機會看見孩子的眞實面目，以及在那一刻他們需要我們做什麼。爲了做到這一點，我們必須願意認出並歡迎自己的恐懼、反應和關注，同時保持跟呼吸、身體和大局的聯繫，以維持自己的平衡。如此一來我們便能用共振和接納，適當又富有想像力地認識並見到孩子的感受狀態。

碰觸

「碰觸」（touch）一詞在《牛津英語辭典》（*Oxford English Dictionary*）中是最長的款目之一，因爲它是基本的人類經驗。阿什利・蒙太谷[1]很久以前就觀察到，碰觸對健康和連結很重要。猴寶寶要是沒有不斷的碰觸、溫暖和柔軟，就不會成長[2]；我們也是。

碰觸是聯繫（in touch），是一個統合的經驗，我們不可能碰觸卻不被碰觸回來。它是一種讓我們知道自己並不孤單的方法。視我們如何被碰觸，便會有愛、接納和受珍視，甚或被忽視、不受尊重、受傷害等種種不同感受。

碰觸產生覺知，我們便與世界聯繫起來。我們用所有的感官碰觸：視覺、聽覺、嗅覺、味覺，還有通過皮膚的觸覺。

若能受到敏感的對待，我們便能扎根於身體，喚醒連結感，認識到自己和他人。當孩子感到他人有覺知，又敏感而尊重，整個生命都榮耀起來。我們若感到安全和受到照顧，那麼年幼就會學習「聯繫」上我們的感受。通過被抱起來、相互擁抱、搖晃、依偎、擺動、搖動、哼哼、唱唱、凝視，父母和孩子能體驗到彼此豐盛的聯繫。

有次（麥菈）在監理所排隊，看到一位個頭很大、體態柔軟的女子照料一個約三歲的紅髮小男孩。她坐在長椅上等待，他則同時用她的身體當床、枕頭、攀登遊戲架。他不斷用身體、頭和手臂推她。他伸出手玩她的手指，她用長指甲拍拍他的手，讓他高興，她完全接受他，沒有告誡他要安靜，或要坐下，或該停下來，那當中有一種甜蜜和安詳。女人有外國口音，我不知道她在哪裡長大，她的童年是怎麼過的，是什麼讓她這麼耐心、接納、對碰觸如此自在。

我不常看到這樣的景致，反而常看到父母告誡孩子在公眾面前「要乖」，如果孩子表現得像兩、三歲，或四、五歲，就會對他們生氣。我看過累了的幼兒跟在父母後頭哭著，父母卻沒有用最簡單的解決方案：把孩子抱起來。我很少看到人們親熱地碰觸孩子，又容忍他們的精力和熱情。

我們似乎變成了一個碰觸禁忌的社會。身體的親熱，朋友手牽著手，用手臂摟著對方，或戀人擁抱，都難得一見。這種禁忌使我們失落了一些非常重要的東西。只要和孩

1：Ashley Montague，1905-1999，英裔美籍人類學家和人權主義者，畢生提出許多種族、性別及其有關政治發展等等議題。

2：這應該是指哈洛（Harry Harlow）在五〇年代末期所做知名卻充滿爭議的實驗，幼猴被帶離母猴，給予代母，結果幼猴寧選擇無奶的絨布媽媽，而不選有奶的鐵絲網媽媽，顯示柔軟的膚觸是安慰的碰觸且必要的。

子同在時，知道正念碰觸的重要性，那麼，我們養育子女便會自然而然包括這種必要的滋養和溝通形式。

碰觸有界限，對界限要保持覺知。如果碰觸孩子卻沒有自覺，便冒著不敏感或不尊重的風險。界限每時每刻都在變化，不能假設必定如何或視爲理所當然。每一刻都是新的、不同的。問孩子是否來一個晚安之吻，她有時會大叫：「不要！」但在另一個時間卻想要一個安慰的抱抱。當我們跟孩子同頻，覺知他們的能量和感受狀態，更能感覺到他們什麼時候需要愛的碰觸或被抱著，什麼時候需要獨處。

有時問問自己，碰觸對誰好，檢查自己有沒有覺知或侵入的衝動。我（麥菈）記憶猶新，小時，親戚捏我的臉頰親我時，對我的感覺沒有絲毫覺知。想想成人多常要求孩子去擁抱和親吻成人，以滿足成人需要的溫暖和親情，而孩子的感受或界限卻沒人理？

孩子若感到自己的感受和個人空間受到尊重，又受到鼓勵更感知、更信任自己的感受，便更能認識到不宜兒童的方式。父母也可以在事件發生時指出不恰當的行爲，來加強孩子的認識能力。

當孩子過來找我，擁抱我，我都很感動，同時總有點驚訝。我驚訝的不是他們擁抱我，而是那緩慢、深刻、輕鬆、安靜、充滿愛意的擁抱方式。他們抱我的時候，我很享受孩子在那一刻自然給我的滋養，感覺像完成了一個愛的圓圈。

學步兒

孩子在各年齡層都提供我們很多探索共振的機會。對學步兒，我們面臨的挑戰是盡力與他同頻，因爲他們很活躍，情緒變化很快。如果我們能覺知這些變化和轉換，如他突然感覺累了或餓了或受挫，當我們幫助他度過這樣艱難的時刻，也努力保持了自己的平衡。

因此我們需要對自己的感受有所覺知，我們的感受幾乎跟孩子的改變一樣迅速，常常被孩子的情緒觸動，譬如以無奈回應他的無奈。在這樣的時刻，與其緊縮，自動硬起心腸來反應，也許我們會逮到自己沒有覺知，於是更接納、更開放地與他同在，即使不滿意孩子的行爲，仍可以更接納、更理解他的感受。

有一天，我（喬）在餐廳看到一位年輕的父親與大約四歲的女兒一道吃晚餐。餐點好久沒上來，等到上菜，女兒再也坐不住了。她很沮喪、疲倦、要這要那，父親一口也不能吃。她到處跑，那時他要嚴厲起來很容易，怨她、或氣這麼久才上菜、或自己餓了還吃不到飯。但他保持沉著，看看會發生什麼事。吃了一兩口後，他把食物打包，付了帳，把她扛在肩上，女兒拉他的頭髮，準備離去。他經過我們座位時，我對他笑了一下，短暫交換了一下做父母的考驗。我坐在那裡，女兒已大到可以耐心等待上菜了，我懷舊地想起從前那段時間，我把自己的心調到「幼兒的心」，他們強烈又迅速變化的需求，引導我做出每時每刻的選擇。身在其中時，經常感覺這日子簡直沒完沒了，其實最好提醒自己，也不過一眨眼的功夫就過了，要是順服它，可能會出現一些意想不到的禮物呢。

每個年齡層都有獨特的變化。我看著這位父親巧妙而寬容地回應女兒，滿心振奮。我（喬）以前常常早一點下班，好跟幼小的孩子一對一「約會」。我會帶他們到運動場，或玩雪橇，或沿著河邊散步，或在市區閒逛，只是看看這世界的人、車和活動。週末，則帶他們和朋友去展覽會、農場和湖邊。跟幼兒在一起的場合，即便只有幾分鐘心無旁騖的遊玩時間，不管是在地板上摔角，還是來回滾動小車或球，都是連結的大好機會。

我們喜歡一起玩「蠕動」的遊戲，這是我們有一天自然而然發明出來的。孩子和我躺在地板上，我的手臂摟著孩子的腰。然後，他要用整個身體蠕動出來。我可調整手臂的壓力，或鬆或緊地抱他，給他足夠的抗力，他必須努力克服障礙，並制定策略怎麼掙脫我。

我總覺得，他們被限制住，然後用所有的精力和聰明才智終於掙脫，是他們遲早要面臨的生活試煉一個很妙的隱喻。我還認爲，這個以非言語爲主的身體遊戲讓我們以另一種方式更緊密聯繫起來，因爲我們一起呼吸、蠕動、相互掙脫，玩在突圍和突破的邊緣。我們經由這種遊戲把身體調到同頻，對後來純然自處的安靜時光，很有幫助。

星期天早晨，孩子常跟我一起在客廳地板上做瑜伽，玩「瑜伽老師」。我們並排，他們教我做各種姿勢，有時我讓身體變成搖椅，孩子搖我，有時我變成橋樑，孩子爬上我或從我下面鑽過去。

孩子年齡更大了，要想分享從他們而來的專注活動和寂靜，有時更加困難。即便如此，我們還是找到了方法，玩投球接球，一起跑步，甚至極少數情況下，還會一起跳舞。我們仍保持共振，當然，形式有了變化。

時間

父母很容易感覺時間不夠，受著時間追逼走投無路。一天早晨，四歲女兒要從三件衣服當中選一件，我（喬）聽到自己告訴她：「快點，我沒時間。」這話傳達了怎樣的訊息！

我們可以採取一些行動，給自己更多的時間，也盡量利用時間。譬如早點起床，讓孩子也早起，早上便不必趕；或者前一天晚上把要穿的衣服準備好。我們常把所做的一切著色，感到時間緊迫。爲此，我們可以調到呼吸上，看到我們對未來的恐懼只是念頭，而當下，現在發生的事情，是珍貴的機會，不該被踐踏。此時此刻永恆的品質都在小事情中發現，像記得說「再見」時要有目光接觸，或來個擁抱。當然，此處的關鍵不是因爲這些是「好」事就自動做，而是因爲我們臨在當下和心靈開放而自然生起。

當我們擔心就要遲到了，聽聽自己的聲調。做一個實驗，試著降低聲音，更深度進入當下、身體、呼吸。

我們可以做的另一件事是，別爲孩子安排太多事，他們需要時間，無所作爲。這種「關機」把時間變慢了下來，讓想像力有發揮的空間，無論自己一個人，還是跟朋友在一起。孩子需要時間來感覺無聊，並找出如何進入無聊，穿過它，不論是不是在我們的引導之下。

如果我們不知道時間壓力對家庭的影響，便會冒著風險不斷加速、不停地有所作爲，並把這樣的生活方式傳遞給孩子。當今世界的發展趨勢，數位無處不在，打斷或干擾我們，或提供「更好的」，不斷把我們拉出此時此地。面對整個社會不安頓、自我分心，我們需要培養寧靜、置身當下，並融入家庭，以恢復平衡，並滋養無所作爲的生命層面。

來過正念減壓診所的很多人都說，早起，花些時間在寂靜中禪修，爲一整天定下了基調，價值遠遠超過了花同樣的時間睡覺。他們更平靜，對那一天做事的方法和最關心的事情，意向也更堅定。他們還觀察到，家人也會感受到他們禪修的效果。只要有一個人練習正念，整個家庭的壓力程度都會降低。

有時候，決定要有更多的時間在一起，而不是賺更多的錢，對家庭是非常健康的。否則，很諷刺也很悲哀的，當我們「討生活」卻沒有檢視「生活」到底是什麼，很可能錯失了生命中最重要的東西。

同在

「媽，你都沒聽我說！」

儘管我人明明就在，心卻已經捲入別處。我拉回了一下子，不久又跑到有關未來細節的創意冒險或迷戀等不相干想法。

孩子走進來的時候，我們可不可以花些時間，眞的看到她呢？我們對熟人做得到，但對最親近的人往往做不到。

與孩子同在，能加強親子關係的品質。同在更是正念的核心。要培養它，需要自覺持續不斷的努力、專注，而且願意眞誠、醒覺和同頻。

對別人眞實，我們就是眞誠的。沒有隱藏或僞裝，不歧視自己或孩子某種特定的感受。相反地，我們懷著覺知，就可認出一切感情，包括令我們不自在的。如果我們一路長大都得隱藏感情或異化來感到安全，那麼對人眞實會很可怕、很困難、很未知。

在我們感到不自在時，呼吸可以成爲盟友。刻意專注於呼吸的覺受，我們便連繫上了身體並置身當下。同時，我們也可以聯繫上情緒和感受如何、在身體何處表現出來。我們越立足於覺知本身，就越能眞誠地同在，並更有智慧地選擇該說什麼、怎麼說。

當父母的人容易把「置身當下」的意思誤解爲應該時時注意孩子，這既不可能也不可取。孩子必須有自己的經驗。他們需要從我們這裡感到我們對他們內在的自主性感覺自在。帶著正念做父母和學著活在當下並不意味要一直在孩子身邊、不斷鼓勵他們，或當他們面對與年齡相仿的挑戰時伸手干預或救援。

此外，如果孩子感到並看到我們扎根於自己的經驗，全心工作並發揮興趣，同時仍帶著覺知關切著他們，會獲益良多。我們可以練習流暢靈活地專心做手邊的事，有需要時再從不斷的覺知之舞中，把注意力轉回到他們。

傑克與魔豆

孩子有時希望成人能在關鍵時刻充分注意並參與，有時候，又想要、也需要把時間留給自己，或與朋友共處。

成人要全力注意任何事是很難的，尤其還要持續一段時間。成人的心一般都充滿了相互衝突的衝動和想法，競相爭取注意力。我們有各種責任，非常忙碌，孩子可能想跟我們玩或要求讀書給他聽，但我們常常只用了一小部分心，而他們很容易就感覺到。很多時候，我（喬）唸書給孩子聽，心已經飛到只要孩子睡著了就要打的電話；或是唸一個故事，等唸完了卻不知道故事在講什麼，因爲我在每一行之間生起一大堆的念頭。

有一次，我太累了，眼睛快睜不開，還在跟女兒講一頭獅子的故事，一邊講一邊編。五分鐘後，獅子變成了一隻兔子，她注意到了，我們對那件事笑了很久。

兒子四歲時，《傑克與魔豆》是他最喜歡的故事。我也喜歡，但要唸到第七、八遍眞的很難，後來我才意識到，他每次聽都像第一次。寓意深刻的主題如牛奶喝光了必須賣牛，緊張地在城堡裡躲過巨人並看到他多貪婪，偷巨人的黃金、魔法母鷄、會唱歌的豎琴有多困難，沿豆藤被一路追下來，從母親那兒及時拿到斧頭砍斷豆藤，殺了巨人的驚悚——對他都是眞的，每一次。巨人進來時，他的身體會緊繃；而傑克騙過了巨人時，他會露出興高采烈的微笑。

從他的眼睛來看這個故事教會了我，我也可以試著每一次讀它時都置身當下，即使我成人的部分心靈像瘋了似的抵制這回事。一放了手之後，故事變得像一首樂曲，精髓部分不斷重複。每次講故事或唸故事都很相同，但也絕不相同。一旦知道了這一點，我的世界就擴大了。傑克和魔豆有很長一段時間成了我修行的一部分，它教會我，要在我不再想置身當下時置身當下。孩子又一次成爲父母的老師。

就寢時分

家裡最好留出一個空間給安靜的時刻，給「沒事」發生的時刻。在那些時候，就在孩子睡覺以前，或在床上等著睡著，突發的成長、突破、創意、共享、連結，都可能出現。這時世界已停止運轉了，在安靜中，女兒會拿起素描本，安詳地坐著，專注、創造，完全沉浸在作品中。有時候，我（麥菈）只是坐在她旁邊，過了一下子，她可能會提起學校發生的一件事，或一樁困擾。在夜晚的靜謐中，事情有機會浮到表面。

孩子小時候，我們唱歌給他們，跟他們講故事，或唸故事給他們聽。青少年時，他們有時仍喜歡讀書，也在入睡前聽音樂。白天熙熙攘攘的衆流到就寢時分就匯聚一堂。

每個孩子都不同，有些孩子很容易入睡，有些孩子的醒睡過渡期非常困難。孩子小時候，我們試了所有可能，讓就寢成爲一天和平安詳的結局，往往無濟於事。尤其是自己也累時，無論做什麼，都不會和平安詳。

我們雖然努力保護這段時光，但很多事情就是擋在路上。要做的工作、要打電話安排明天的事、不只一個孩子需要我們，或不同年齡的孩子有不同的需求，往往把我們弄得像多頭馬車。年齡較大的需求往往只好縮短了，退居次要，讓座給年齡小的。這是一個不斷擠出時間的雜耍表演。有時，就在這一切中，一個安詳的就寢時間就沒了。但我們刻意製造空間來置身當下時，不知怎的，它就來了，分享孩子關注的事或感覺她不知不覺進入夢鄉，提醒我們這個時刻多麼珍貴。

此刻，在熟睡兒子的小小身體旁
在我胸口無形的河流和兒子的河流一起匯流
我用他的呼吸節奏來衡量我發言時間

唱著他的晚安曲，我的夜晚和他的合而為一
如同地下水路
是洗滌靈魂的祕密河流

他提起從沒提過的生活
這是他一路長大所參與的溪流，
在靜默的時間裡，他對自我的確定

消退了。在那裡，他會找到
全音符之間的休止符
使得這首歌意義深遠

——大衛．懷特（David Whyte），〈夜裡回顧〉，
摘自《諸河匯流之處》（*Where Many Rivers Meet*）

偈頌和祝福

有時在禪修或日常修行中，利用短詩或諺語提醒已經知道、卻容易忘記、或想當然爾的事。這些詩或諺語在佛教的傳統裡稱爲偈頌（gathas）。早晨醒來、吃飯、喝茶、記著感謝這一吸一呼、在日常生活中幾乎每一個場合的偈頌，都讓我們跟實相保持聯繫，不致在念頭中迷失。

如果死記硬背和變成習慣，無心地重複，這些韻文就沒什麼價值了。但如果像珍貴的禽鳥那樣捧著，刻意讀誦，明智地使用，就有巨大的力量。它們很簡單，只是提示，但有很美妙的定向能量，可以療癒，可以撫慰，還指出了我們需要記得的東西。孩子在學校學到了這個偈語：

我心中的太陽
用它的力量溫暖我

喚醒
鳥的
獸的
花的
生命和愛

在幼稚園和小學前幾年，全班同學在一天開始都大聲背誦。一面唱，一面伴隨著一系列的手部動作：在頭上掃一圈代表太陽，手跟著從頭部上方回到心臟，手掌向天空打開，手臂帶著溫暖延伸開來，再帶回到胸部，兩手收在那附近，最後，以鳥獸的生命力張開手，然後成一個杯形花瓣而結束。

我們非常喜歡孩子定期參訪這個心的小偈頌，這是身心的美好食糧，重要性不見得低於知識的學習。感覺上每天重複這首韻文好像保護並滋養他們內在珍貴的東西，並提醒生命和愛的力量和可貴之處……太陽、心、生命、力量、鳥、獸、花、兒童、愛，都是不可分割的整體。

我們從孩子的這些偈頌學到了很多。他們在學校吃午飯之前唸誦一首，成爲我們這一天的忙碌進入沉默的連結，當我們坐下來吃飯，大家手牽著手圍著桌子：

地球給我們食物，
太陽讓食物熟透而且美味。
親愛的地球，親愛的太陽，
靠著你們，我們才活著，
我們要給你們
充滿愛的感謝。

然後，我們沉默一會兒，圍著圓圈互望，看著食物和整桌的擺設，說：「祝福我們的食物，祝福我們的家庭。」如果有客人，我們會說：「祝福我們的客人。」

我們成長的過程中，家裡從沒說過任何祝福和謝恩，有時碰到有家庭必須說感恩的情況，會感到不自在。但是，長大了之後，我們更了解刻意而懷著正念祝福美善事物的重要性。

也許這就是當孩子把這些覺知和感謝的偈頌帶回家，教給我們，我們這麼投契的原因。它們是正念的祝福，如此概括，如此感謝，如此包容。我們想，這些年來，我們一直說著這些小偈語，並花時間低迴流連於它們所引發的感情，它們澆灌我們心中的種子，在我們家和孩子身心上開花，無論孩子身在何處。知道太陽在你心中，眞好。

這些偈頌也在孩子心中撒了種子，讓他們愛上那表相面紗背後、那偉大詩人知道並用文字神祕禮讚的東西：

這樣的甜美流入乳房，
我們要笑，我們要唱，
我們受一切的祝福，
我們看到的一切都得到祝福。

——葉慈（William Butler Yeats），
〈自我與心靈的對話〉（A Dialogue of Self and Soul）

卷六
選擇

能覺知成長過程中，家裡的限制或破壞性行為模式，能覺知自己的童年悲傷、憤怒、疏離等經驗，是痛苦卻非常有幫助的學習。我們可以運用這種覺知來幫助自己為人父母時，做出更明智的選擇。

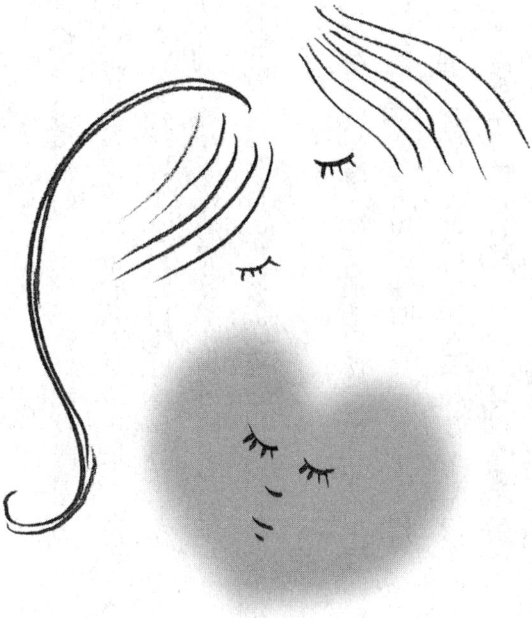

療癒時刻

我（麥菈）在生命中學到最多的，都是從做父母學得的。孩子不斷教我我該知道的事——就在我該知道的時候。多年來，我不得不提醒自己從孩子的角度來看事情，這樣一來，我的眼光常常從童年的局限或傷害的舊有模式裡打開了。比較難以看到的是，我有時走向另一個極端，反而過度補償那些受疏忽或缺乏滋養的經驗。我們教養子女的決定，往往是由自己的成長經歷所塑造，務必要時時提醒自己，孩子的經驗和我們的不同，只要有覺知便能理解。

每一次，只要我們能夠看到並理解自己做孩子的經驗，便知道如何做父母，並小小解放了我們緊緊抓著的過去。當我們感到自己產生了舊的、破壞性的模式，無論是聲音（輕視或貶低孩子的感受）、臉上的表情（不屑或鄙視）、話裡的意思（像是「你怎麼啦？」或用一些有傷害性的字眼），就是我們有所選擇的珍貴機會。我們可以繼續自動的、有時還顯得殘酷的行爲，或者就在那一刻停下來，努力看清楚自己的強烈反應。雖然我們爲情緒慣性所制約的力量很大，還是可以用新鮮的眼光來看，自問：「我現在在做什麼？我的反應爲什麼如此強烈？在這種情況下，如果繼續下去，我會走到哪一步？孩子這時眞正需要我的是什麼？我有什麼選擇？」

在這樣的時刻，要談到**就在此時此刻**敞開心懷，眞是個很大的自我要求——尤其我們已經被內心力量和一生根深柢固的慣性帶著跑了。那麼，是不是能在這種時候停下來、保持當下的覺知、如實，並觀察我們的衝動、不對它們自動反應？

當孩子通過不同的發展階段，在我們生命中相同時期的惡魔，在某些特定情況下會回過頭作祟。某些熟悉的情況會引起我們強烈的反應，其實跟自己大有關係，而不是因爲孩子做了什麼。我們的反應，不是對孩子做了什麼而反應嚴厲，就是在特定時間，感覺恐懼、焦慮或不自在時撇開孩子。

這些令人不安的感受一旦冒出來了，最好在內心暫停下來，片刻都好，然後仔細聆聽。感覺越難受，就越難看到重點。倒是有一個線索可看出它多令人困擾，就是看我們的感受多快被推擠掉，起初，這時要掌握覺知非常困難，尤其要是自己做孩子時的感受在家中原就無足輕重，更是早已習慣掩藏不看它們了。

如果我們能夠以覺知觀照這樣的感覺，它就成了指向更深層次的線索。經過多次的經驗都有類似的感受之後，我們才能懂得它的意義。找時間停下來、呼吸、辨出，並體會那種感受，以及隨之而來的身體緊繃，我們至少有機會認識自己多多少少仍受制於舊日的咒語，也許我們的回應需要更有正念和想像力，才能喚醒。

只要我們能逮住自己，然後換條路走；只要我們選擇不同的作爲，更符合孩子需要我們的，那我們身上就會發生轉化和癒合，療癒時刻就會來到。

當我們選擇如此尊重孩子的需求，也是潛在尊重自己未實現的童年需求；當我們選擇仁慈而非殘酷，就能體驗到善意。善意會成眞。如果我們小時候挨過打，那麼我們在衝動想打人的當兒，選擇了一個更好的方式來解決衝突，就會感受到深深的滿足。如果我們小時候沒有受到保護，那麼好好照顧並保護孩子，也會體會到更安全的感覺。

任何時候，我們都可選擇拋棄過去效果不錯的情緒盔甲，把更開放、同情、理解的自己，送給孩子做禮物。在這個過程中，我們可能嚐到童年的滋味，更重要的是，我們不僅與孩子、也與自己，分享這一刻天生本具的自由和連結。我們選擇擺脫負面循環，也有了無條件的愛。每次只要做到這一點，便又向整體性和自身的解放邁進了一步。

覺知童年經驗的坑坑疤疤非常痛苦
但是大有幫助，別逃開

一位年輕的母親講述她的故事：

我記得在老二出生後的那一刻，我有個生動清晰的時刻和體認。父母來看我，三歲的女兒有點麻煩，因為小嬰兒集三千寵愛於一身。我記得父母看不慣她的行為，就斥責她、呵斥她，叫她表現好一點。在那一刻，我清楚看到，只要孩子或我的所作所為是「良」或「好」，我們在他們的眼中就很好棒，但一偏離他們認為「可以接受」的行為，並表現出「負面」情緒，就會受到批判了。我認識到這一點，便在他們面前為老大辯護。這對我和對她都是療癒時刻。我懷著同理心，站在她身邊，我沒有辜負她。事情「看起來如何」，或讓事情變「好」，都不及我女兒在那一刻的幸福來得重要。

你還記得多少次小時候被人忽視、嘲笑或貶低嗎？每次互動本身看起來似乎瑣碎、微不足道，「這有什麼大不了的？」「你幹嘛這麼敏感？」絕不是微不足道，一次又一次發生，就會破壞孩子的自信和信任。

有一次，一位母親開車帶九歲的兒子和朋友放學後到她家，好讓孩子有時間一起玩。在車上，朋友對兒子不停地說話，他一反常態的很安靜，偶爾粗暴、不愛開口似地回話。她斥責他不夠友好，並提醒他有朋友跟他回家玩，有多幸運。孩子玩了大約一個小時，兒子完全崩潰了，大喊大叫，又踢又哭，她被激怒了，非常生氣。後來，她想想究竟發生了什麼事，才意識到，在自己的原生家庭裡，乖巧、有禮貌是最重要的。她對兒子壞脾氣的回應是告訴他多幸運，事實上卻是叫他塞住感受，重要的是讓朋友賓至如歸。她照顧到朋友和自己的感受，卻沒顧到兒子的。

她也意識到，要顧及兒子的感受狀態，有許多方法可行。她可以把她所看到的，實事求是地指出，接納他那一刻的感受，建議他和朋友安靜一段時間，讓她對情況的覺知告知她到家時應該怎麼做。相反地，她採取了自動行爲模式，重複她舊有、熟悉的模式，要是這些感受不是「正面」、禮貌、友善，她就否定兒子的感受。

另一次，同一個母親帶九歲的兒子去看望她母親，因爲兒子出生後，外婆只見過孫子兩、三次。外婆決定同時邀請朋友來，完全無視於孫子的存在，跟朋友聊得高興極了。這時，孫子被困在無趣的環境中，開始頑皮，在房間裡繞著跑，終於撞到了家具。母親因爲無法控制兒子的沒規沒矩，感到很沒面子，生氣地帶他回家。她氣壞了，訓誡他剛才太皮。兒子用懇求的目光看著她說：「可是，媽媽，外婆根本不跟我講話呀！」

突然，面紗從她眼前揭開了，她看到自己把兒子放在她童年的情況，不管她的母親如何忽視她的感受和需求，還是要有禮貌、友好、周到。現在，自己做母親了，她看到她母親一點也沒有努力跟孫子相處、參與他的活動；而當他呈現出一個精力充沛的孩子本有的反應時，他就受到指責了。而她沒有對母親感到憤怒或不安，反倒對兒子生起氣來，重播自己童年的熟悉場景。兒子早知道外婆不理他，可是要等到他指出來，她才看到。這是我們如何從孩子身上學習的另一個絕佳例子。

這位母親後來想了一遍，覺得想改變她母親是不切實際的，下一次探望她時，她決定帶一些兒子可以做的事，或是約在公園見面，或堅持母親來她家。她還做了一件很重要的事，重建彼此的信任。她向兒子道歉，說在他有困難的時候，她卻生氣了。她讓兒子知道她了解並接受他的感受，因而加強了兒子對母親的信任，也支持他要信任自己的感受。

無論我們多愛孩子，並盡力成爲最好的父母，自動反應還是會導致不和與失聯。這樣的時刻無可避免，是生活自然的一部分，因爲我們不可能一直，甚至大部分時間都懷有正念。重要的是，我們發現自己可以度過人際困難，甚至是自己製造的困難。同時，孩子能看到這類暫時、痛苦的破裂是可以接受、處理和修補的。正念不是一種理想或最終狀態，而是一個過程，是跟實際現象的關係，尤其失去正念的時刻。所有時刻都提供了新的機會，來處理自己的自動反應、期望和恐懼及其後果，並從中學習。

有時候，我們需要道歉，並承認自己的行爲造成多大的傷害。有時候，只是默默在內心接受發生了什麼事，在內心重申我們的決心：要更有正念，對當下更開放而接納。如果我們逮到自己又犯了，停下來，把覺知融入呼吸，再次扎根於當下和身體，也許對孩子說：「讓我們重新開始。」開始療癒和重建，然後培育信任、關愛的關係。

能覺知成長過程中家裡的限制或破壞性的行爲模式，能覺知自己的童年悲傷、憤怒、疏離的經驗，是一個痛苦卻非常有幫助的學習過程。我們可以運用這種覺知來幫助自己爲人父母時，更明智地選擇。

誰是父母？誰是子女？

人類，有一定的苦難，還有我們加諸自己和他人的痛苦，不是故意這樣做，而是出於無自覺、無知和情感需求未得到滿足，這往往源於原生家庭和童年如何被看待和對待。要看清楚這個領域，我們應反思原生家庭不成文的情緒潛規則及對自己的影響。

一位朋友曾描述：只有跟父親談他的科學工作時，他眼中才有她；只有她當掉醫學預科的課時，她才意識到這不是她要走的路，而全力集中於藝術創作，招致父親的強烈反對。潛規則是：「只要你做的是我認爲重要的事，我便樂於贊同你做想做的事。」

這些默契每個家庭都不同。有些家庭中，父母的情緒需求佔主導地位，有些家庭則完全無視於情緒上的需求。不訴諸言語的模式往往給握有最多權力的人最大的利益，通常是父母一方或雙方。基於內疚、羞愧、奉獻、職守、責任的要求，都可以用來操作並強迫孩子保持這種默契模式，不給孩子空間來表達自己的感受和需求。

有些父母只知道如何透過自己的傷口跟孩子更親近、更連結。他們不自覺地想要孩子一起感覺他們的痛苦，有時候，孩子是爲了他們才隨身攜帶痛苦。親子之間可能發生的一個微妙牽引——完全沒有自覺的覺知和意向，有時什麼都不用說，孩子就要學會調到父母情感需求的頻道。父母不用生起同理心和同情心，孩子反而需要扮演同情父母的感情、煩惱、壓力的角色，以「他人導向」爲主，做父母的知己，孩子自己的感受、需要、想望則被掩埋了。兒子變成「好男孩」，女兒變成「好女孩」，以犧牲自己的感情、內在的自我爲代價。他們後來會覺得，爲了保持自我，需要做些極端的事，如完全抗拒父母、自我毀滅的行爲、離家出走，或在感情上孤絕和遠離。

要培養良好的情緒智商，孩子需要認識並接受自己。他們需要知道**自己**的感受，**自己**需要什麼，**自己**想要什麼。小時候，可以藉著我們指出我們感到和看到的：「你現在好像很沮喪（或疲憊、生氣或不耐煩的……）」「喬伊看起來眞的很傷心，你認爲他爲什麼這樣？」並藉著傳達感受和需求來學習。孩子經由這個過程，慢慢學會如何更有效傳達感情。若周圍的人有情緒共振，他們也會受益甚大。久而久之，孩子自然學到更了解他人，開始體驗到怎樣進行對話，對「另一個人」有感覺，他們說，別人聽，別人說，他們聽，希望他們直接體驗到對等、互惠。別人聽到他們的感受和需求並有所回應，他們因此能夠信任他人，而開發出完整的、相互關係所需要的技能。這需要時間，有些孩子可能歷經多年漸進的過程，有些孩子早年就學得。

當孩子感覺自由和安全，可以說出眞切的感受和觀點，很自然會挑戰父母。孩子需要好幾年才能承認，在衝突中，自己也參與了一份、也有責任。這需要父母很大的耐心，事實上，我們自己要做到這一點，都沒那麼容易。

一位男士寫信給父親，告訴他在父子關係中他感到痛苦和困擾的事。父親回信：「我原諒你那可怕的信。」他完全否認兒子的信道出了什麼眞相。他沒有請兒子原諒他，兒子說出感受反而像犯了罪，所以他原諒兒子。如果他聽到兒子的痛苦，即使無法理解也感到同情，大可以回答說：「我深深感覺到你的痛苦，很遺憾我造成你的痛苦。如果你願意，我們可以了解一下過去是怎麼回事。」

一位女性放棄「完美的婚姻」，終於出櫃了，她說：「我不想失去母親，但我不是失去她，就是失去我自己，我做不到後者。」

兩個成年姊妹之一說起她們的母親：「我們不認爲她是『眞正的』母親，感覺上我們更像她的母親。她經常要我們知道，我們做得還不夠，我們不夠愛她、感激她。」

放下不屬於自己的情緒舊包袱
勇敢地在生活中創造新的感情模式

你的父母對你有什麼期望？你在家裡負著什麼情感的責任？你的父母有多「兒童導向」？你哪些基本需求得到滿足，用的是什麼方法？你有多少空間可以有不同做法？誰在家庭中負責親子關係的品質？誰得使事情更光明？誰負責供應誰？

我們有時會發現自己揹著沉重的情緒包袱，裡面有各種並不屬於我們的東西：父母的痛苦、他們的期望、他們的失望、他們的祕密、他們的憤怒、他們的傷口。有時候，光想到放下這個包袱，都會讓我們感到力不從心和內疚，甚至是情緒癱瘓，動彈不得。一旦放下包袱，就是個「壞」的兒子或女兒，我們怎能這麼做呢？

當我們終於努力放下來，當我們努力走出長久以來強加給我們的角色——一直因為慣性的力量、內疚和恐懼而擔任的角色，當我們拒絕玩老舊的、不成文的家中情感規則，一切就要天翻地覆了。

從老舊而安適的家庭關係走向情感更獨立的模式，會被視為大大的背叛，會碰到猛烈的阻力和批評。要在生活中創造新的情感模式，需要巨大的勇氣和毅力。

放下我們揹著的包袱，試著創造新的、比較合適而平衡的關係模式，這個過程可以幫助我們看得更清楚自己對孩子無言的模式和期望。我們可以解放自己和孩子不必要的精神負擔。每個人都可以更輕快、更寬敞、更眞實。

所以，不時自問，孩子來此是否為了滿足我們的需求？還是剛好相反？孩子小時候，顯然父母的工作是滿足他們的需求，但這會隨時間改變。此外，隨著他們年齡的增長，我們可以帶著覺知，支持他們持續不斷認識並學習如何滿足自己需求的過程。要成為健康的人，這種能力非常重要。另一層面是，為人父母也有自己的需要。培養更大的自我覺知並學著何時、如何有效地傳達我們的需求，才能與孩子保持健康的關係。

即使長大的孩子，也有需要我們支持、理解，能夠協助就盡力協助的時候。如果我們之間有不同意見或裂痕，還能在所有的痛苦和長時傷害下找到勇氣，向長大的孩子伸出援手，找到方法來療癒，重新連結嗎？也許我們只能盡人事，永遠不放棄要健康地重新連上線（當然，有時得等到孩子再次想要連上線）。

心理學已有很多研究，如果父母沒有滿足我們的情感需求，我們也會很難滿足孩子或自己的情感需求。但只要每時每刻努力覺知，就有機會結束這個惡性循環。

孩子長大之後，仍會需要我們的支持。我們老化之後，也會需要他們支持。這是生命的循環，持續的給予和接受，隨著時間而改變，能滋養每個人。

我的手伸出去，氣得渾身顫抖，伸向有需要的孩子，但我的手沒有隨便打發她，而是溫柔地在她身上輕輕的耳語。我的身子彷彿擴大了，我把她拉向我，深深地呼吸，緊繃消退了。在這一刻，我沒有用自己薄弱而損耗的耐力，而用母親的耐心。這是她從遠方給我的禮物。她的手把禮物傾倒入我的手中。她安慰我的時刻，我看到她搖晃、哺育並安慰我弟弟和妹妹，那幽深靜謐，無形中傳遞給我。這件禮物終身在我心中，像飛鳥在巢，等著，等我的手需要翅膀柔軟力量的那一刻。

——露易絲．艾芮綺，《藍鵲之舞》

家庭價值

我們家裡重視的事，會隨著時間變化，一般而言，包括連結的感覺、成為更廣大又充滿愛的整體一部分的感覺，這整體能夠庇護、培養，且讓每個人的眞實面目都為人認識、接受，其中有個基本的承諾，就是以誠實和尊重待人，並願意努力度過艱難時刻。

這一切並不會神奇地自行出現，而是需要一定的內在努力和可以互補的外在努力，在體現我們價值觀的家庭中，建立並維護家庭文化。隨家庭人數多寡的變化、隨著孩子的成長、隨著我們為人父母和為人的發展和變化，並隨著社會變化對我們產生的深遠影響，其形式也不斷變化。

無論是否意識到，每個家庭都發展出自己獨特的文化。帶著正念做父母所面臨的部分挑戰就在於，把家庭文化的質地融入覺知，努力做出自覺的選擇，反映並體現為人父母的價值觀。

「家庭價值」一通常都在高度政治化或道德化的框架下定義，什麼才算一個「好」家庭，已有一種狹隘的定見。「價值」一詞字面意思是給予優先考慮，我們認爲優先的事會爲家庭文化定調。因此，家庭價值不只是一個理論上的概念，還是實踐。

我們個人和集體的價值觀，從每天平凡的生活中有力地體現出來。因此，我們應該用探詢和接納的精神把覺知融入已經體現的整個領域。如果我們對自己行爲或優先事項感到不自在，也許，用正念修行和帶著正念做父母的精神，會看到如何逐步建立優先順序，更深入反映出我們所關心的事。我們會自問：「最重要的是什麼？我們最看重的是什麼？有沒有一套基本原則可以指出家庭中哪些事項，在我們的選擇和行動裡視爲優先？」

我們的家庭重視自主權、同理心、接納和覺知，這是表達愛心和關懷的根本途徑。從此處，其他如尊重、仁慈、誠實、負責、靈活、自主性和隱私也發展出來了，我們盡可能遵照這些價值觀生活，這是我們最關心，並盡量體現在日常生活中的。

我們也非常珍視安詳與和諧，但家庭生活有時就是沒有安詳與和諧，尤其不能強加在孩子身上，只能藉由身教來鼓勵、培育和滋養。這需要耐心和信任，這些素質久而久之就會生根發芽。我們不是完美的父母，重要的是，我們決心在過程中，懷著覺知來努力。當孩子看到我們是凡人，也會犯錯，卻可以承認錯誤，他們學到的價值遠比我們發表特定的道德教訓還豐富。

家庭生活中
父母自己體現的價值觀，才能成為滋養孩子的沃土

父母在家庭中創造的情緒和實體氛圍，爲家庭價值觀不斷發展設置了舞台。越多正念融入家庭生活，就越有可能把家庭內在深處的價值觀融入覺知中，並在爲人父母做決定時優先考慮。

我們的價值觀會定下家庭的基調，對廣義文化中不免膚淺、狂熱、物質主義的價值觀更有調和效果。

家庭儀式是家居文化的重要部分。儀式可以創造一個安適的氛圍，把家庭成員扎根在空間和時間上，並加強親子之間、孩子之間的感情連結。我們每時每刻帶給他們的意向和覺知，讓家庭儀式有了意義。

早上把孩子叫醒、綁鞋帶、刷牙或編辮子、洗澡、盡量一起吃晚飯、在晚餐桌上點蠟燭、說祝福的話，一起唱一首歌，或冬季圍坐爐火，或講床邊故事……所有可以豐富家庭生活的，都是家庭儀式。

對家中的環境懷有覺知也有幫助。雖然這不會排在第一優先，但骯髒、混亂會影響到每個人的能量，其意義超出了只爲房子表面好看而維持井然有序。

正念可以融入日常家務，準備餐點、烹飪、擺設和收拾桌子、洗碗、吸地板、洗衣

服，都可根據孩子的年齡讓他們參與。把整理和打掃房子變成家庭儀式，每個人都分工合作，家庭就要展開新的開始了。

我們需要以家爲整體培養一個總體的覺知。把家庭放在我們的意識中，考慮家庭的需要跟考慮每個孩子的需要一樣，家庭就會得到滋養。假以時日，孩子會覺得自己是一個更大整體的一部分。

孩子從家庭的氛圍和文化，並從不斷跟世界展開的交流，形成自己更廣泛的社會價值觀。正如我們不能在家中強加和平與和諧的價值觀，也不能透過道德說教或脅迫來灌輸如慷慨、同情、不傷害、平等、欣賞多元性等等的品質。這是經由觀察他人表現出這些特質，並體現這種價值，孩子才有這些直接的生活體驗。

我兒子在紐約市外圍長大。他還很小的時候，他父親就和我離婚了，我覺得我該灌輸給他我所相信的重要價值觀。其中之一是尊重所有的人，無論對方的傳統或生活情況如何。

他童年之後，紐約市起了很大的變化。許多區域，包括他現在居住的街區，住著許多街友，有時積極乞討，有時被動地坐在或睡在人家門口。

一個寒冷的冬夜，我計畫和二十三歲的兒子在他的公寓見面，到附近吃晚飯。我探望他的時刻很珍貴，因為我一直覺得太少，卻是適合他的次數。我也知道必須如此，他才能建立起自己的生活。

當我走近他的公寓，我看到一個女人坐在人行道上乞討，剛好在大門口右側。我進入公寓時，開始緊繃，不得不把目光移開，假裝不看她。我不想讓任何人類的痛苦干擾我和兒子一起度過的晚上。

不久，我和兒子下了電梯，準備找一間餐館，悠閒地用餐。我們走出公寓門口，他向坐在人行道上的女人走過去——就在不久前我才使盡全力避免看到她的同一個地方。他從口袋裡拿出零錢給她，出乎我意料，他介紹說：「這是我媽媽。」我看著她，迎來一個溫暖而開放的微笑。他看她就像看任何一個需要仁慈對待的人，即使她極為潦倒。

我一直希望他看到所有人共同的人性，無一例外——他做到了。我深深感動，也意識到，那天晚上我失去了價值觀，他重新教會我，而那正是好多年前我教給他的。

——雷妮．丹能（Lani Donlon）

健康的消費選擇

在當今以消費者為導向的文化中，父母很容易在引誘下做出選擇，讓孩子由物品來體驗世界，而非透過不斷跟人接觸。在這種環境下，即使是一點點正念，都可提供急需的指南針，幫助父母穿越面前排山倒海的過多選擇。琳瑯滿目的產品，有些是為幼兒的娛樂和加強學習，更多是為了使父母好做些，很輕易便替代了孩子成長時所需的人與人之間的互動。

舉例來說，寶寶可能被抱很短的時間，就放在汽車嬰兒座椅，再從汽車嬰兒座椅帶進商店，然後回家，放在嬰兒床或嬰兒座椅中，後來又放入嬰兒推車去散步。大多數寶寶的一天都在被動限制上，觸碰的都是無生命的物體；主宰她世界的周圍聲音可能來自電視、廣播、發條玩具。做父母的若沒有一定的覺知，孩子身處的環境很輕易就圍繞著家長的需求，過於功利導向，還可能是混亂、脫離、不連貫的。無論寶寶接觸的物品是塑膠還是天然材料，都是無生命的，和父母的溫暖和回應失去聯繫。

如果我們做其他事情時，一直把孩子放在一邊，靠物品來打發或娛樂他們，轉動鞦韆、播放錄音故事、打開電視或電腦，就是在無意中鼓勵他們被動參與世界。因爲物品本身本有的限制，這些「孩子占有者」會把孩子放在失去力量、失去聯繫的模式當中。

當然，我們照顧孩子，也要照顧其他事情，孩子體驗我們這樣生活也很重要。如果我們把正念覺知融入當時的情況，包括孩子的年齡和個性，以及家庭環境、我們需要完成的工作，通常都可以別具創意地參與他們，並確保我們做事時——至少一段時間，他們是安全的。

我們可以用背架揹起嬰兒，來做其他該做的事。也可爲幼兒和學步兒創造一個封閉而安全的空間，讓他／她自行移動，或爬或站，或滾一滾；因爲有更多活動的可能，更有自主的能力。若在地板上鋪墊子，就是跌倒也跌在軟墊上，若放上球和軟方塊，創造一個可爬的簡單構造，很容易就把一個空間轉變成嬰幼兒的安全探索園地。此外，有時也要讓孩子適度感到挫折，不要很快就把東西整理得好好的，讓他們練習克服相應於年齡發展的障礙，雖困難卻值得。

無論我們是否直接與孩子互動，孩子都會感覺得到我們與他們同在的品質，關鍵是開發出一種靈活的注意力和更廣闊的覺知領域，不僅對孩子，還有對自己的身心狀態。我們是僵化、不滿、開放、靈活和或仁慈，孩子都能感覺到。若感到壓力，我們始終有選擇，提醒自己回到呼吸、回到身體覺受、回到每一刻本有的豐盛。

許多方便的現代產品不一定能帶來實質好處要帶著覺知謹慎選擇

至於我們所面臨的消費選擇，有時看似微小而無害，漸漸地卻會冒著失去與孩子寶貴互動的風險，孩子也冒著失去我們某種滋養的風險。做這些選擇時，把一定程度的正念融入：這些購買行爲如何影響孩子對世界的體驗，以及孩子與我們的關係。

例如，想想把嬰兒放在嬰兒車裡的感覺就會看到，在嬰兒車裡，寶寶面對著世界，對直接衝著她而來的外界刺激、身體、噪音及能量都缺乏自主權。我們還會看到，這些不可預知的外界刺激未經過濾，衝著這個非常新的生命而來，另一方面，嬰兒從她最熟悉、幫助她在世界中平衡的人——她的父母——身邊移開。此外，面朝前方的嬰兒車讓父母很難跟寶寶說話、眼神接觸、有所互動（幸運的是，有些嬰兒車是雙向的）。

我們也可以決定祭出替代方案，用手臂抱住她，或用嬰兒背帶或布背巾。於是，她既置身世界，又受到保護。根據孩子的性格和年齡，連面向前方的布背巾都提供過多的視覺刺激，可能會使敏感的神經系統不勝負荷。沒有哪一個是正確的選擇。帶著正念爲人父母是根據我們所看到、所感到的，來注意並調整做法的持續過程。

小小孩若需要走太長的距離，嬰兒推車非常好用，但如果孩子是被揹在父母背後的嬰兒背架上，經驗會更豐富些。她會感覺到父母身體的動作和溫暖，可以伸手摸到父或母的臉和頭髮。在這個位置上，人們的臉都在她視線水平，她可以在父母的肩膀上與人溝通，害羞了，也可低下頭。這時，孩子的腳踩在腳桿上，整個身體可以上上下下伸展。單單這樣揹著，嬰幼兒就會產生安全感，並發展出整個感官刺激和回應的世界。

做這類選擇，親子可以更親近，有更多接觸，更同頻，父母也不太可能錯過孩子微妙的溝通，像是微笑、聲音，或輕輕碰一下手……純粹快樂和連結的時刻。

許多育兒產品的設計都是要「解放我們」，讓我們可以做別的事情，購買這些產品為的是生活更方便。但是，如果不留意，它們倒反過來取代了人際互動和親子同在，結果是隔離、剝奪，或淹沒孩子的神經系統。當我們面對孩子因為渴望關注、身體接觸和人的溫暖，或渴望不斷刺激而鬧脾氣，反而得付出加倍的時間。要修復忽視和過度刺激的損傷，困難更多，更難有滿足感，還不如一開始就把滿足孩子的需要擺在首位。

當然，有時候方便的物品對父母很有用，對孩子也很有趣，但我們必須不斷注視孩子日常經驗的整體，重要的是找到剛好的平衡。需要的時候，我們可以用背架或汽車嬰兒座椅，但要確定還有許多時候是抱著或牽著學步兒。有時，我們可以在車上放故事CD，但也要唸故事或講故事給他們聽。奶嘴、毛絨絨的塡充動物很能撫慰，但是記得自問：我們是否願意讓這些物品成為孩子生活中主要的安慰來源？

每個取代人際交往的物品都會佔去我們和孩子豐盛的共享時刻。由於親子關係建立在共享時刻上，一不留神，擁有「一切」的孩子，最終可能什麼也沒有。

媒體瘋

我們生活在一個比歷史上任何時候都迅速變化的時代，跨過一種無形、不可逆的門檻，從所有人類歷史、大自然和進化的類比世界，進入美麗新數位紀元，生活在一個虛擬全球通信的互聯網絡中，與不斷增加的電腦運算能力交流。從前父母關注的是看電視的影響，現在面臨的是無處不在、體積更小，花樣更多的移動數位產品，孩子可以連接網際網路和全球資訊網、社交網站的世界、Youtube、簡訊、圖像、音樂、電腦遊戲，以及無數的有線頻道和電影……無限使用無限內容的潘朵拉盒子。孩子暴露在父母所知或根本不知、覺得有毒或不健康的世界，我們該如何面對？如何保護他們免受這些風險？又該如何根據年齡，辨識並規範我們認爲是積極又促進成長的科技？

在智慧型手機和平板電腦之間，我們有無限的機會來讓自己分心，不再碰觸當下。我們不僅需要考慮孩子接觸和使用的各種媒體，還要注意規範自己使用和可能上癮，才能活在當下，跟孩子同在。孩子必須越來越與這些電子設備競逐父母的注意力。再加上，父母還把這些電子產品交給小小孩，讓他們有事可做。愛瘋應用程式（iPhone apps）開發得越來越多，正是出於此一目的。孩子冒著極端依附電子產品的風險，我們也是。

無疑，我們生活的世界正在眼前轉變。這些科技發明和那些將要到來的硬體和軟體，正在創造一個新世界，等孩子成年時，他們都已學到、並使用得熟能生巧，因而更需要在身體、心智、心靈和精神上強大、平衡，不與眞實世界失聯。

無論科技多聰明、多吸引人，都無法培育出十足成熟的人類。我們需要能感受、能照顧的人心，來體現人類經驗和滋養。如果父母忙碌時把科技產品當做電子褓姆，或做爲孩子打發無聊的方便工具，那麼，這些產品會很輕易頂替重要童年的經驗和面對面的人際交往和活動。

父母面臨著越來越困難的問題，卻沒有足夠的資源來回答。難道只因爲這個新世界已經存在了，就該讓孩子無限制使用嗎？我們檢視並思考過潛在的正反兩方利弊嗎？怎樣才能盡量發揮正面並減少負面影響？問題往往比答案多，但問題和質疑非常重要，讓我們思考這些科技對孩子和家庭的影響。

父母若要把正念覺知融入家庭生活的重要層面，應該刻意觀察孩子玩這些不同的產品的遊戲。他們的身體處於什麼狀態？看到任何緊繃的跡象嗎？他們做了些什麼動作？吸收了什麼圖像？其中有多少暴力？虛擬世界對他們有什麼認知、情緒和社交的影響？他們這樣參與，會得到什麼的訊息？他們會吸收怎樣的價值觀？一直沉浸在電子產品，甚至在社交網站中，他們會減少多少眞實生活中的社交？

父母需要對孩子接觸媒體的影響抱持正念，並觀察家庭跟這種強大力量的關係。問自己：我們在孩子看電視時和看電視後觀察到什麼？他們吸收了什麼訊息？他們變得多被動？他們多少像被迷住了，這催眠狀態到達什麼程度？他們每天、每週有多少小時是花在看電視上？如果不是看電視，這些時間可以做什麼？他們看到多少殘酷、暴力？電視關了，就開始吵架了嗎？這一切如何影響他們在家和在學校的態度和行爲，以及他們對自己和社會的意見？只要仔細地觀察，這樣自問，便可以幫助我們選擇，顯著提高家庭生活品質並改善孩子的生命。建議孩子注意他們正在從事這樣的活動當時和之後，有什麼感覺，他們也會培養出更多的自我覺知。

許多家庭中，幾乎所有時間電視都開著。從新聞來的影像把世界上每一天所發生的可怕事情轟炸到幼兒心裡。無論有沒有主動「看」新聞，孩子成長過程中沉浸在一個對現實有特定且高度偏差的看法，由大電視網管理階層決定哪些事有新聞價值，這個過程往往會把重點放在本地和世界各地所發生最暴力和最可怕的事情上。相反地，人類生產力和創造力的巨大領域，或許更重要，而且有「新聞價値」，卻沒人理會。

孩子成長路上
更需要人我關係的互動和親自體會動手做

電影和電視都在促進偏執和不信任，給我們的印象是，世界非常危險，充滿瘋狂和暴力人們。但世界上每天都發生了這麼多好事，卻上不了媒體新聞。因此，父母和孩子對世界的觀點都變得非常扭曲，我們必須經常提醒孩子和自己，雖然社會有暴力，犯罪並造成傷害的人畢竟只有一個相對較小的百分比。孩子需要知道，即使是在最危險的鄰里，還是有很多人既善良又關懷。幫助孩子感到安全並如實看世界，讓他們充滿希望，是一項艱難又長期的任務。

有些老師把正念修行融入市中心學校的教室，教孩子自我覺知，保持平靜的技巧和自我調節的練習。正念的基本修行是專注，覺知念頭和感受，接受並理解事物不斷變化的本質，而且能夠在自己的身體和呼吸中扎根，這些做法對處於極大壓力和情緒挑戰之下的兒童很有助益。

而電視，雖然也供應卡通和連續劇，無論多用心設計、多聰明，仍不利於孩子的發展。電視隱微或明顯地干擾孩子體驗每天的自然節奏，包括安靜的、甚至無聊的時段，讓他們有體力活動和富有想像力的發揮、沉浸在自然世界中、花時間沉思和反省、創作時間、和朋友一起玩的時間、和家人在一起的時間、和較大的社區連結的時間。

媒體可以很輕易地取代兒童各種發展的基本經驗，這些經驗是人我關係的、具體呈現的、親自動手的，而且促進大腦中社會和情感的學習和成熟的神經路徑，有助於青春期和成年期的有效運作。

記得兒子五歲的時候，曾把一隻帝王蝶毛毛蟲和一些馬利筋（milkweed）放在罐子裡。他餵養牠，看著牠一天又一天吃著樹葉，奇蹟般織成蛹，經過漫長的潛伏期，出現了一隻蝴蝶。後來他把蝴蝶放了。孩子從這樣整合、參與的經驗來了解世界，昆蟲是活的隱喻，指向世界和生物背後相互連結的意義和秩序。這樣的過程充滿神奇和奧祕，刺激孩子的想像力，使他們滿心喜悅。

當我們看孩子從事繪畫或唱歌之類的創造性活動，或聽我們唸故事之後，他們有一種活躍起來的感覺，眼睛閃閃發亮，臉上洋溢著濃濃的快樂。這些故事能傳送、提升並激發人心，能用美麗的語言和精心設計的角色和關係，創造並填滿他們內心世界。

如果他們是看電視，我們就看不到他們臉上的表情了，這個過程太被動了，不需要想像力，所有的圖像都預先創造好了，有一種麻木和過度刺激神經系統的怪異組合，令他們想一直觀賞下去，沒有時間內省或反思、暫停、連接到生活中有意義的故事，或受到感動時分享深情時刻。

我們孩子幼小時，家中沒有電視，也才看得出它對家庭生活最普遍和最隱伏的影響，對比之下，只因爲沒有電視，安詳和有創意地使用時間才成爲選項。孩子和父母看似失去所謂的娛樂，但家中復甦了活力，主動創造了另一種休閒。

父母要設限，清晰理解必不可少。孩子小時，他們不會理解，也不必理解我們爲什麼這樣做。我們知道需要改變時，可以用理解和仁慈來回應他們憤怒、懊惱和挫折的情緒，並且傳達堅定的信息：「勢必如此。」當然，隨著時間，事情會變化，同時我們「該怎麼做」的覺知也會變化，隨著孩子年齡的增長，親子可以一起討論是否需要規則和界限，並創造出自己的規則和界限。

有朋友告訴我們，他的十幾歲女兒做功課很痛苦，因爲她晚上都掛在社交網站上。他們一致同意，她必須有幾個星期每晚嘗試幾小時不上網。嘗試期結束時，他們談了一談限制她上社交網站的正反兩面。女兒表示，有清楚的界限其實讓她鬆了一大口氣，她希望這樣的限制持續下去。

帶著正念父母的修行，需要每個人找到自己的方式，來面對家庭發生的各種情況。我們如何看待並回應生活所面臨的特定挑戰、孩子的需要和要求，其實是一門內在功課，沒有絕對或永久的「正確」答案或「完美」的解決方案，每個人經歷的內心努力過程，大都有不確定因素，有一定的混亂、緊張和痛苦，是爲人父母不可避免的，也是把正念融入父母之道不可避免的。

我們要提醒自己，正念不只是覺知或接納，也是採取行動——若面對複雜的情況，但願是明智的行動。針對特定情況下處方，可能從一開始就力有未逮之處。重要的是，科技日新月異，我們今天建議的，可能再一、兩年就沒價值了。但是，你願意如實處理，而且有時不知道如何進行下去，正是正念修行的本質。

平衡

多年來，我們努力平衡地做父母。這是各人有別的，我們覺得平衡的，你可能覺得完全不平衡；反之亦然。此外，我們現在覺得平衡的，在另一個時間又不一樣了。這是一個持續的過程，因爲平衡點不斷變化。每個人都必須界定怎樣才算平衡，每時每刻爲自己、孩子、家庭，竭盡所能，做出選擇，促進平衡。平衡是一個動態、不斷變化的過程，而不是一個固定的點。其實，平衡往往是失去和恢復的問題，況且我們會從覺知自己失去平衡的經驗學到很多。

孩子還是嬰兒時，我們密集付出，努力平衡是持續運用內在和外在的資源。有這麼大的身體和心理精力傾瀉而出，我們需要家人和朋友注入能量和支持。

嬰兒的內在平衡，全靠我們對他們的需要有所回應。當他們心煩、或哭鬧、或看起來不舒服，我們回應了，遲早會恢復平衡。當我們正在處理腹痛，有時怎麼做都不見效，但仍要繼續努力，這表示即使情況艱難，還是要繼續努力活在當下。

孩子學步走路之後，警覺注意他們的探索，引導健康的選擇，讓他們感到安全。他們遇著困難時，我們要有感他們表現出的暗示——餓了、累了，或受到過度刺激——來幫助他們恢復平衡。有時給他們機會從事活躍、吵鬧的遊戲，釋放精力，就可以恢復平衡。有時他們需要人家抱，需要撫慰和安慰。這些回應的互動久了都會幫助孩子發展自我調節的能力。

當我們感到孩子失去了某種平衡，最好體貼地重新審視孩子作息。活動和安靜時刻之間的關係是什麼？他吃些什麼食物？是否穩定（蛋白質，健康脂肪，複合碳水化合物）或不穩定（過多的糖，垃圾食品）？有多少睡眠？年幼的孩子有穩定一致的生活節奏和儀式就會茁壯成長，他們做事需要大量時間，還要有足夠時間從一件事過渡到另一件。我們若能把覺知融入日常生活的各個方面，便可減少不必要的壓力，使孩子更平衡。

有時候，特別是年幼的孩子，最好遵從「少即是多」的原則。也許他們就需要盡量簡化的日常作息，較多的例行常規，我們則跟他們一起有一些安靜、獨處的時間。

滋養和復元的時刻可以以多種形式出現。可以是在安靜而悠然的泡澡時間，或跟孩子玩遊戲與他們同在，也可以是講故事或唱歌，或一起做事，如繪畫或烘烤鬆餅，或用石頭打水漂。可以把孩子靜靜抱在懷裡讓他安心，這麼簡單就可重新感到新鮮。也可以撇開其他的計畫和衝動，把覺知融入呼吸，緩慢深長，感覺到孩子也放鬆了，他的呼吸自然放緩，找到了自己的節奏，與我們的呼吸和諧一致。

我們可以使心靈
一如止水
我們周圍的生命
就會看到
可能是他們自己的形象
一下子如此鮮活
因為
我們的安靜
於是有了一個更清晰，甚至
生猛的生活

——葉慈，〈居爾特的微明〉（Celtic Twilight）

我們若要找到孩子的需要，必須對他們敏感，不隨意把自己的意志強加在他們身上，看出他們表現出的暗示，本能而有創意地回應。我們的寧靜和耐心會擦亮反映出這一切的鏡面。

學齡兒藉由友誼、活動、穿著，體驗自主性和自己的個性，當他們發現自己獨特的興趣和才能，就能感受到自己的力量和能力，他們需要隱私和大量的心理空間，但踏入世界時，仍然需要支持和指導。在這個年齡層，孩子比較能自我調節，但有時我們仍需介入，爲他們、或與他們一起設限，幫助他們恢復平衡。

尤其是進入青春期之後，跟孩子小時候相比，那些連結好像細絲，要維護這些細絲，照顧、保持不變，盡力加強它們——有時不過是與他們同在——本身就是一項艱鉅的任務，也是正念的核心。在某些時間點，這些連結會壯大，只要我們讓孩子自由發掘獨特的自我，儘管曾經憂慮、保留、懷疑、不喜歡，甚至爲懷舊而悲傷，都會不見了。

同時，要保持一定的平衡，我們需要在適當時間提出限制，反映我們的價値觀並顯示我們的關懷和關注。想在自由和限制之間取得適當的平衡，應不斷自問：應給予多少自由，哪些有害，哪些無害等。

當我們感到青少年苦於缺乏平衡，首先鼓勵他親自檢視，生活中什麼有用，什麼沒有用，自己去找有創意的解決方案。有時父母需要幫助他開始或大或小的改變，如協助他倡議改善學校的課程、找到課外精力和創造力的出口，以及如何連結上更廣大的社區，讓他感到更有歸屬感。我們需要一些技巧和注意力，以免削弱青少年對自己內在力量的信心。我們必須覺知自己侵入、支配、全知、控制的衝動。有時可能使不上力，要有耐心，理解逆境是生活的一部分，每個人都從逆境學習和成長。我們懷著這個更寬容的觀點會傳達一種感覺：我們有信心他能夠處理困難的局面。

養育青少年尤其具有難度，我們有時會難以維持情緒平衡和清明，少了很多控制，多了很多擔心。儘管我們盡最大的努力和意圖溝通，仍經常出錯，感到困惑、害怕、絕望。養育青少年所面臨的挑戰需要我們也處於這樣的感受之內，接受它們，不評斷自己，無論如何都要承認它。懷著接納，把煩惱情緒保持在覺知中，我們就可以恢復一定程度的內在平衡和正確觀點。這樣的轉變，可以支持我們度過困難時光，有時引生出新的機會或洞見。

限制也可以很健康、不僵化
鼓勵孩子表達，專注地聽他們說

有時，父母必須抵消並減弱對家庭文化的負面影響，不得不做出跟孩子想要的、跟同儕被允許做的相衝突的決定。前後一致而且合理的限制有益於學齡兒，使他們不致接觸到缺乏活力又具破壞性的文化層面——從百貨商場到電影。我們的立場可能在那一刻使他們感到憤怒，但他們會有一種安全感，知道父母根據他們的價值觀而堅持不受歡迎的立場，其實是關心，雖然他會因爲這件事「恨」父母一下。父母有很多機會練習聆聽孩子的憤怒，卻不致認爲這是衝著自己而來。

在這樣的時刻，我們需要大量的時間和精力，來達成決定，並幫孩子物色其他活動和精力的出路。要拿出我們可以接受，又沒有剝奪或懲罰孩子的解決方案，十分困難。我們一直處在「孩子跟隨同儕」的力場中，這力場對孩子有強大的拉力。重要的是，盡力處理，而非反對，尊重他們需要配合同儕的風格，「像其他人」一樣得到接納，同時，鼓勵他們找到方法來表達自己。當他們努力定義自己，我們可以提供一個讓他們安心的框架，衝擊也無妨。要找到恰到好處的平衡，我們需要提供健康的限制，同時不僵化、不嚴苛，否則就是製造了禁果，在過程中把孩子推走了。

有朋友分享了這個故事：他們十一歲的女兒應邀參加生日派對，先吃蛋糕和冰淇淋，然後去看電影。朋友得知那部電影有暴力和殘酷的場面，不希望女兒看，危機來了。「每個人都去，爲什麼我不能？」朋友跟其他的父母談過後，發現有一位家長不能在電影結束時接孩子，於是他們想出一個法子，女兒都去參加派對，不看電影，但一起過夜。這個解決方案讓每個人都滿意。只要有一些具創意而且體貼的磋商，就會有皆大歡喜的結局。

「我的朋友想看電視就看！」「爲什麼我們得吃得那麼健康？」「蘿倫可以晚睡，想跟朋友發多少簡訊都可以，我爲什麼不能？」「我的朋友都有自己的電腦。」這些毫不留情的壓力，需要大量的內在力量來面對，尤其在感到疲倦或不堪重負的時候，眞想放棄算了。但是，若孩子在我們覺得重要的問題上，得到的是混雜不清的訊息，只會鼓勵他們更要「得到想要的東西」，對他們、對我們都不好。

在我們的社會，財物就是權力。孩子若感覺失落或無能爲力時，很容易轉向物品，認定自己會感覺好些。孩子的內心生活的發展，對自己和獨特生命的感覺，都需要比最新最「酷」運動鞋更複雜的東西。我們幫助孩子找到活躍的活動，無論是武術、舞蹈、運動、演奏樂器、背包旅行、繪畫、修復或建造東西、寫日記、唱歌或饒舌，或任何他們喜歡的，都能恰到好處地替代社會上消費者導向的文化。

在這個過程中，一邊是把活動塞滿時程，給他們太多的選擇、太多的活動，另一邊是不理孩子，不幫他們找到創意和獨特才能，在這兩邊取得平衡很難。如果讓他們不停的活動，把彼此相處的時間都占掉了，或以其他方式使他們的生活嚴重失衡、面臨高度壓力，那麼，活動塞滿也會是忽視的另一種形式。

有些孩子很容易平衡自己，自然找到感興趣的活動，也知道如何安靜獨處和內省。有些孩子有時需要推一推，還要推大力些，他們才會去做、去嘗試新的事物，或活躍一點。有些孩子需要幫助放慢，重新把精力投入更安靜的活動。協助孩子在生活中創造平衡，我們要花點努力、鼓勵和行動。要做到這一點卻不強迫或主導孩子，是項挑戰。只要我們是出於自己的獨特經驗，願意秉持正念面對出現的狀況，就會具有創意地幫助孩子發現平衡的新可能性。

我記得么女十一歲時，有次從美術課回來，帶回一張模特兒臉的素描，看起來眞有其人，一個三十多歲的人，她捕捉到一個人的獨特，而且用了我絕對想不到的顏色，黃、藍、橄欖綠。她一直對自己的繪畫能力不以爲意，但我看得出來她對這個素描頗爲自豪，其實她告訴過我，她很引以爲傲。後來我看到她每次走過那張圖時，都會多看一眼，她已從無思考模式的純注視，到了從更遠的距離來看畫得如何。有一次，她覺得兩眼看起來各不相同，頗爲不安，她問我怎麼想，我告訴她，我覺得這才使它眞實、有趣，人們很少有完美對稱的面孔，她似乎感到滿意。過去幾天和幾週所有的風暴和破壞、奮鬥和困難，都抛在一邊了。在這一刻，她自然感覺到平衡和幸福，跟我們的關係也一樣。她如植物，向光生長，表現出最深層的本性。

有天深夜，我從大女兒學校接她回來，她快十五歲，上了一整天的課，又練划船隊，剛跟英語課同學去波士頓觀賞一齣才讀過的戲劇。她很早就醒了，通常到十點鐘已經很累，脾氣也很暴躁了。但今晚，她充滿精力，精神很好，暗無天日的空虛和無聊似乎很遠了。她此刻排得滿檔——她的手因爲划船而起了水泡，她欣賞剛才看到的演技，計畫明天要交的作業策略，問我明年選課的意見。當我們談到明年想做的事，我很珍惜這一刻的平衡感覺。午夜時分，這份寧靜的相互交流，我恰似浸潤在春暖時節。

什麼時候給孩子協助，什麼時候讓他自己來需要洞察力

雖然童年是天眞和幼稚，而且那份純眞需要保護，但隨著孩子年齡增長，就怕太天眞了。在適當的年齡，以適當的方式，我們可以鼓勵他們覺知他人對他們的行爲如何看待，相信自己的感覺和直覺。我們可以身教，若看到人們有不尊重、虛假或奇怪的行爲，讓他們知道。我們可以問孩子對某些情況有什麼感覺，並支持他們的感覺。我們認爲指認出某種行爲是重要的生活經驗，發展出明眼人一眼即能看出別人如何對待我們，這個技巧必須學習。孩子更有覺知之後，會有適當的謹愼和警惕，在某些情況下，甚至有不信任。但是孩子會用家人和朋友的親愛關係來導正不信任的感覺，而這種愛的連結是隨著時間從信任、尊重、誠實和接納的基礎上建立起來的。

母親要一個平衡點，尤其是在適當且必要的培育，以及知道什麼時候該穿戴「銅胸罩」（brass brassiere）——這是埃思戴絲（Clarissa Pinkola Estes）的書《與狼同奔的女人》（*The Women Who Run with the Wolves*）中所稱——之間掙扎。銅胸罩這個意象蘊含了爲人母的界限，指出母親應更了解自己的需求，並學著照顧自己，我們可以指出我們所聽到和看到的：「你好像……。」或「我可以聽出來你……。」然後慈愛地實事求事回應，告訴孩子，我們需要他們如何，「我等一下可以幫你，但現在我需要把手邊的事做完。」

或「我需要你把自己照顧好。」或「我需要躺十五分鐘，然後就可以跟你討論這個問題。」尤其是我們覺得走投無路、筋疲力盡、招架不住，更難不懷敵意或拒絕的意思。這需要洞察力，才能知道什麼時候適合給予支持或幫助，什麼時候孩子必須自己來。

孩子長大後，我們更需要在給予、培育、有求必應的母親，如埃思戴絲所謂的「月亮媽媽」之間取得平衡。月亮媽媽被認為是慈悲而支持，但提供了寬敞的空間，讓母親和孩子都獲得權力和解放。

父母需要以有意義的方式參與世界並支撐著家庭經濟，孩子卻需要並希望他們在家，隨傳隨到，兩者之間經常發生衝突。我們力求內外平衡、審視各種選項、做決定、觀察孩子受我們的選擇影響，並竭盡所能調整，都是持續的過程。

只要我們比較平衡，就會了解孩子和他們的需要，卻不會迷戀孩子。持續欣賞孩子獨特的品質和過份參與、過度投入之間有很大的區別。我們感到平衡的時候，更能夠體會正面的事物，卻不必執著一定要顯而易見。我們能從自己強大的重心出發和孩子連結，感知自己的整體性，用自己的方式連接世界，體驗快樂和重要的連結。

每當我們看到父母能夠超越自己的童年和時代的限制，以及他們在其中長大的時代習俗，而創造出另類的做父母模式，有時還無中生有，總叫我們感到驚訝和敬畏。他們設法在自己的父母之道中保持平衡，在硬梆梆之中提供柔軟，在沒有健康的界限時創造一個，或者雖遭受忽視和忽略，卻能給孩子支持和鼓勵。看見此情此景，給了我們希望，如果我們能專注並看到自己的確在每個時刻都有所選擇，就能走向新的、更平衡、更整體的父母之道。

我們不斷在自由和限制、信任和不信任、活動和靜止、沒用的和有用的、連結和分隔之間走鋼索，這是一個重要的平衡術，就像瑜伽的平衡姿勢，而且難度更高。

卷七
真相

正念讓我們看到自己有時多麼固著，專從自己的觀點看事情；多會幻想自己有力量使事情改觀；多容易用恐懼或憤怒來反應。每一個如此這般的生命退縮，都是機會，我們逮著自己提醒自己，雖然我們認為那就是真相，其實不是，更不是全部的真相。

男孩子

男孩子有自然滿溢的活力，對世界有無窮的想像和好奇，在探索中、遊戲中、安靜和靜止中，憤怒或沮喪的時刻中，表現出成千上萬種能量，給父親無限的挑戰和機會，重新與這些自然能量連結，我們在情緒和其他方面滋養兒子，並希望在他們長成成年男子時，提供具體的男性的身教。父親如果能保持開放，明白兒子獨一無二的生命可能跟我們的氣質、能力和興趣相似，也可能不同；最重要的是，在他的生活中與他同在，認識並接受他的眞實面目，找出富有想像力的方法來滿足他各階段的需求，都不簡單，這需要關懷、決心和洞察明辨，還要隨著兒子的成長和改變，更充分活著，願意走出自己的舒適圈；也需要我們在身體和情緒上與他同在，並有學習和成長的意願。

我這個父親在兒子不同的年齡與他同在，一同遇見世界，一天又一天看著他呈現出新生命的特質，他的活力使每件事都成了冒險。從他的眼睛分享世界，也一次又一次打開了我的眼睛。

當他迷上恐龍，我們會去科學博物館，盯著暴龍看，狠狠地盯著，首先在二樓從視線水平看，然後到樓下仰視。接著探索其他展廳。他還小的時候，我跑步，有時會帶著他，他騎車沿著每個人都去跑步或蹓狗的大池塘繞，我則握著玩具機車的把手。我喜歡在晚上或露營時唸故事給他聽，跟他講內容裡有他的故事，一面講一面編。我們也常摔角，在客廳的地板上滾來滾去，像獅子格鬥，直到筋疲力盡。這樣持續多年，直到他在高中成爲一名摔角選手，而我受傷的風險越來越高才停了。

他很小的時候，我定期練習韓式禪劍道（心劍道〔Sim Gum Do〕——「心靈之劍」的道路）培訓，有時把他帶到道場，讓他看我們練習；他很喜歡，我也一樣。他三歲時，我便不再接受正式訓練了，但接下來幾年，我們偶爾以木劍來擊劍，在每回合前後感謝地跟對方鞠躬行禮。他有一把短劍，可以輕鬆地揮舞。我們用自己的劍阻擋對方的攻擊，從四面八方的猛烈攻擊中保護自己，保持平靜和穩定，並扎根於動作、節奏、棍棒碰撞的聲音，都令人振奮。他七歲開始學習各種武術，從來沒有中斷。

我們會在憤怒中有所衝突，但很少見，我們堅強的意志把各自推或拉向不同的方向。漸漸地，我學會認出並軟化我的火爆脾氣，給他更多的空間，我歷盡艱辛才學得教訓，掙扎著超越我童年時代的遺痕。跟他在一起時，盡可能與他同在，對我很重要。我們共同喜愛很多東西，事情變得比較簡單。不過，有時仍需要自覺的努力，尤其是我心裡放著很多事的時候，這是爲人父母的「職業危險」，總有其他的事無休無止地把我們拉進去，輕易就攪亂了同在的時刻，孩子一定會注意到。這會引起失聯和分歧，即一種「其他事都比跟兒子在一起更重要」的感覺。

每個男孩子有不同的性格和興趣，成長期間當然需要不同的東西，但有一件是大家都需要很多的，就是良好的心靈成長空間，當父母不在身邊時，他們仍能發現新事物。我從小成長在紐約市街道上，花很多時間在街上打球，或是和朋友混在一起，我們觀察鮮為人知的城市生活，把它變成藝術，我學到了無可比擬的經驗，是在父母跟前從來學不到的。我很幸運，家庭生活穩定，每天晚上可以回家吃晚飯，離開街上，再從我的父母和兄弟那學習其他事情。

孩子除了獨自一人、與朋友一起的各種活動和追求，也很需要父親、祖父和其他男性在身邊，關心他們，對他們深感興趣，與他們共享時光，為他們講故事，聆聽他們的生活。

若有男性指導男孩子如何探索自己的興趣、技能、力量和局限，鼓勵、顯示如何正面運用而利人利己，他們會獲益極大。我們可以支援他們在不同的年齡層努力探索並了解自己的實力，尊重它，卻不誇大、不炫耀。同樣的，我們這些父親可以鼓舞他們嬉戲中的學習和創造力，以及他們的歸屬感和價值。

父親和兒子花時間在一起，例如釣魚、玩投球接球、或在野外一起看雲、或散步、或乘坐地鐵、或去球場、博物館等等，這類功課通常不會從說教或訓誡而來，反而需要時間來吸收和開發，比較可能發生在跟有自我覺知、有情緒調整能力的成人的關係上，最好是父親，當然，如果祖父或另一位男性眞正關心孩子的福祉，特意要成爲可靠的人，也可以是男孩子生命中的主要力量，如一位導師。

因爲工作、專業責任、各種繁重的事、雜念、野心和上癮，做父親的有時覺得面對挑戰時力不從心，但能否下決心支持兒子表達自主能力和興趣，並幫助他們發展自己的強項和優勢？同樣重要的是，我們可否培育一種情緒景觀：對事物深刻的感受不僅可以接受，而且很重要，會受到尊敬？這樣的取向跟女孩需要父親之處沒什麼不同。活力會因不同的性格而不同，但核心需求是相同的，那就是與他同在、用慈愛和認可來看待、對待。

父母必須當自耕農，親自指導孩子、陪伴孩子

男人應該是什麼樣子？文化看法似乎相當兩極化，刻板形象比比皆是，大男人、喝酒、愛冒險和追逐女色就是樂趣和酷，只要看看電視上的啤酒或卡車廣告就知道，這種兩極化對父親和兒子都有害。父親可以幫助兒子對此有所覺知，並解釋各種文化放送出來的微妙和明顯信息，許多是貶低女性的，仔細想想，其實也有貶低男人的。但願孩子

能漸漸知道什麼才是自己最看重的，同時忠於自己，試著安頓生命。

在美國佔主導地位的男性和女性社會形象，是羅勃・布萊[1]幾十年前所稱「兄弟姊妹社會」（sibling society）的產品。在這個世界裡，父親和越來越多的母親和孩子是分離的，不管是在身體或情緒或兩者兼而有之，男孩和女孩普遍公認的典範，是媒體、娛樂界和同儕共同合成的，如今透過網路和社交網站更是變本加厲。在這個世界上，很難找到老一輩監護的真實生活、某種開始進入成年和集體認識、知識、智慧的儀式或典禮，這是一個還不了解過去就排拒過去的世界。深度疏離，導致年輕人自己養育自己，自己社會化，變得更加危險和脆弱。雖然有一些促進並保護婦女和兒童權利的社會努力，但佔主導地位的文化仍在剝削、掠奪。

我們可以問自己，今日一個小男生到底需要什麼，才能在變化如此之快的世界裡睿智地生活，因爲父母不可能知道他十年、二十年，甚至五年內將面臨的挑戰。如果在文化上缺乏尊重、重視、優先滿足所有孩子需求，社會也不能負起兒童身心發展和進入到成人世界的責任，那麼，父母就必須當自耕農，親自指導孩子。我們從廣泛的研究中知道，要具備情緒智商和情緒平衡，即一種置身於各種情況與各種人際關係裡的能力，絕對是未來幸福和豐富的生活所需。正念是另一種必要的生活技能。我們做父親的，爲了兒子，必須重視內在力量的培養，如慈心、悲憫心、恆心、情緒穩定可靠、靈活、明察，甚至智慧。這些都是每時每刻從人我關係而來的理性覺知，包括內在和外在。我們無論是美國原住民、或非洲人、亞洲人、歐洲人、基督教徒、猶太教徒、回教徒、佛教徒、印度教徒，或「以上皆非」，或「其他」，都可以重視並運用自主權、最眞實的本質，和自己血統譜系中最好的部分。

男孩在生活中需要有能幹、具體的男性，這並不是一個人或一個父親固定、難以企及的理想標準。相反地，它可以是一個決心努力的過程，因爲我們有愛心和關懷，因爲我們既希望自己成長，又爲兒子做最眞誠、最眞實的自我。我們能夠注意每時每刻內在和外在的經驗，學著更自在做自己嗎？能夠有時雖然不知道也仍感覺自在，處理生起的恐懼，以及想要封閉或麻木情緒的衝動嗎？我們能夠在一天中對眞正的感覺有所覺知嗎？我們能夠練習更有同理心、更接納、更會嬉戲，有時還有點野嗎？我們能夠懷有正念，知道工作耗盡我們的精力，然後找出更好的平衡嗎？我們能夠決心行事要有創意嗎？我們能夠跟女性相處時更有安全感、更自在，同時保持平衡嗎？這些都是眞正應用在生活和父母之道的正念。

年幼的男孩需要有一個強大、懷有同理心的父親、祖父，或導師角色，等進入青春期，這角色會越來越重要。青少年迫切需要有人看到、聆聽並聽見他們、有人遇到並接

1：Robert Bly，生於 1926 年，美國詩人和積極份子，知名著作是《鐵約翰》（*Iron John: a Book about Men*），被譽爲美國新男性運動的聖經。

納他們，並鼓勵他們爲自己的行爲承擔責任。青春期是許多男孩這輩子最大、最令人困惑、最不確定、最尷尬的過渡期。從男孩到男人的轉變需要一個願景、全新的觀察和自處方式。我們可以鼓勵青春期的男孩認識並欣賞神祕和未知，包括他人和習俗；也可以鼓勵他們了解部落心態的危險，也就是認爲我們和他們之間有絕對區別，於是出於恐懼和偏見而陷入戰爭和暴力，去征服「別人」，沒有意識到「他們其實就是我們」。這是成熟、學著找到一席之地的緩慢發展過程，用諾曼・費雪[2]的話來說就是，越來越能懷著覺知，進入與自己、與他人的穩固關係，這份關係與時變化並不斷加深。

父親和兒子同在，一起經歷更美好，也一起度過最黑暗

男孩子當然也從母親得到愛和滋養。沐浴在母愛的光環裡。若能不受人控制，也不需照顧母親的情緒需要，便能創造出內心安全感和情緒的根基，爲孩子長大後需要分離和進入世界冒險奠定了基礎。但男孩從最早的年紀就需要父親，跟女孩一樣；父親也需要兒子。如果我們在關鍵時刻沒有與兒子同在，就不會認識他們。如果我們看著他們出生，小時候抱著他們，讓他們睡在我們肩頭一起作夢，一起走在世界上談他們所見，提供他們工具一起工作，並想出活動讓他們的心和手臂一起動，跟他們趴在地板上玩遊

戲、發明遊戲，講故事，看太陽下山，看落雨，挖泥土，建造沙灘城堡，扔水漂，刻棍子，爬山，坐在瀑布邊，隨意划著小船和獨木舟，唱歌，跟團體一起，溫柔地看他們睡去和叫醒他們……我們的心會知道他們的心，我們的精神會知道他們的精神。

父親和兒子一起經歷自在的時光，因爲彼此親密，也會一起經歷最黑暗、最痛苦的時期，幫助相互成長，並找到美麗和意義。兒子需要我們扎根於自己，這意味著我們成熟、誠實，對他的愛和承諾始終堅定。有時我們需要給他們空間，歷經痛苦和折磨而找到自己的道路的同時，仍然與他們同在。有時候，他們需要我們爲保障他們的安全，設下一定的界限範圍，有時候，我們必須爲自己做父母的幸福而設下限制。這沒有腳本，這就是愛，愛改變了我們，我們歷盡艱辛學到教訓，跟兒子學到自己的經驗教訓一樣。

對於我們這些父親，這也是正念非常寶貴之處。事情如何發展，取決於我們願不願意跟「不想要」的感覺更親密，而學到不管喜不喜歡，有時就是必須處理。如果我們願意做內心功課，可以打開心懷，了解「不想要」本身是可處理的。例如，正念讓我們看到自己有時多麼固著，專從自己的觀點看事情；我們多執著於我們認爲是對的；我們多會幻想自己有力量使事情改觀；我們因爲不喜歡見到或覺得「不能容忍」的事而感到沮喪或挫敗時，多容易用恐懼或憤怒來反應，不用心，不用常識。每一個如此這般的生命

2：Norman Fischer，生於 1946 年，美國曹洞宗禪師、禪寺住持、詩人，曾受業於鈴木俊隆禪師。

退縮，都是機會，我們逮著自己，知道腦袋裡的故事有多執著。於是，我們提醒自己，雖然我們認爲這是眞相，其實不是，更不是全部的眞相。

我們可以提醒自己，如果能夠擺脫未經檢視和不必要的狹小觀點和預設成見，就是置身當下，互動和行事都會更明智。我們的反應大多來自思考的心，通常都被過去的遺痕著了色，尤其是在最困難、最艱苦的時刻，正是我們最需要連結的時刻。這是修行，生活和兒子會給我們無數的機會，讓我們臻於圓滿之境。

當兒子長成他該有的面目，他會找到其他的兒子一起分享熱情，建立友誼，其中會有一些持久而深刻的。在他們參與傳承創新和新一代的奧祕，並尋找在世界的一席之地時，音樂和擊鼓、荒野樹林和田野、城市生活、運動、文學和藝術，所有的召喚，都藉著光明與黑暗的時光，給世界提供意義和價值，這都是反射鏡，男孩在其中看見自我，不斷發現他們的眞實面目和喜愛的事物，完全活出自己，相信自己的力量，扎根於身體，成爲羽翼豐滿的地球人。

這並不是浪漫的理想。我們知道，在這個瞬息萬變的世界中長大成人，找出眞正的一席之地，何處、如何才能有所歸屬有所貢獻，有時眞令人困惑、害怕，而且感覺危險。最終，長大成人是一個身心發展的奧德賽旅程。只要父親和其他男性對男孩子懷著一貫的接納和慈愛，孩子一定會跟他們產生共振，即使當時不盡然感覺得到。男孩子越熟悉、越自信如何處理身心、思想和情感、欲望和渴望，越能信任那份身心的親密關係和覺知能力，也越能了解自己的眞實面目，並對矗立面前廣大的可能性敞開心懷。

當凱和簡恩四歲、五歲的時候，我們會步行去禿山（Bald Mountain），從那上面遠眺我們住的地方。他們七、八歲的時候，我們步行去松雞嶺（Grouse Ridge），往下看禿山。幾年後，我們上奇高山脈（High Sierra），爬上將近兩千五百公尺的英格蘭山（English Mountain），從那裡看到松雞嶺。後來我們又上了城堡峰（Castle Peak），這是山脈最高的峰頂，有三千公尺高，可以看到英格蘭山。然後我們向北，爬上巴茨山（Sierra Buttes）和麗山（Mount Lessen）——麗山是我們現在到過最遠的。因此，從麗山，你可以看到城堡頂，可以看到英國峰，可以看到松雞嶺，可以看到禿山，可以看到我們住的地方。世界該用這種方式學習，這是一個強有力的地理教育，而且從沒有離開過你的身體。

——蓋瑞・史奈德（Gary Snyder）

池上曲棍球

只要溫度升高一兩天，再回到天寒地凍，又沒有暴風雪，新英格蘭的冬天池塘便召喚著我們來一場過癮的冰上曲棍球比賽。遇上週末或假期，我（喬）和兒子就穿上好幾層禦寒衣物，抓起球棍、冰球和冰鞋，往山下的池塘出發。我們掙扎著用凍結的手指繫緊鞋帶，搖搖擺擺走上幾公尺的雪地，去冰緣碰觸新的自由。

我們會滑冰一段時間，檢查整個池塘，再次調整滑冰的感覺。然後，仔細選擇一個點，放上一雙靴子，彼此相隔幾公尺遠，設定球門。

我們一對一打……其中一個人防守球門，另一個努力把冰球打進去。球門後衛可以從球門出來很遠，跟對手搶球，所以有整個池塘的快速滑冰，冰棍的碰撞，看誰先搶到冰球。我們非常快速地笑著繞避對方，虛晃幾招，大量射球，追逐和碰撞。當然，也有很多進球，感覺冰球滑過守門員、穿過靴子，一種純粹的快樂。有時看到了非常離譜的射球路線，我們笑個不停。

我們可以打好幾個小時。不管哪一段，都是最棒的時間。每個時刻都只有當下，超越思考，沉浸在分享的喜悅之中，尤其是在進球、互相追逐、阻擋攻球、防守球門的彼此對抗的男性能量之中。

有時候我們在晚上玩，在鎮上裝設的高高投光燈昏暗的橙色下，幾乎看不出陰影中的冰球。大多數時候我們都在下午打，有時不得不停下來，喘一下氣，到池塘邊雪地鋪起大衣，躺在上面，看著天上的白雲，襯著深藍色的天空，或在西邊呈現出粉紅色和金色的光束，這時臉部上方空氣中的呼吸歷歷可見，我們陶醉在沉默和美好中。

我很想說我們每個週末都這樣度過，而且好多年了；但沒有，那些日子似乎早已過去。我很想說，女兒跟我玩冰上曲棍球也有同樣的感覺，但我們其實很少玩。女兒喜歡其他遊戲，滑冰比我們滑得好，但她對冰棍、冰球、進球和追逐沒興趣。

大部分的時間，池塘都覆蓋著積雪或粗糙的冰，是不能滑的。有些冬天，我們希望它結凍但沒有，也有其他的事情要做；我們有其他機會聚在一起，但沒有一個比得上在冬季池塘上打冰上曲棍球更好了。

野外露營

有時，我們試著分別與孩子在一起，父母一方跟一個孩子，而不總是全家總動員。孩子需要父母不時有完整的注意力，做點特別的，不必跟其他手足或父母另一方競逐注意力。這樣出外活動是珍貴的探險，不管是幾個小時或幾天，不管在曠野還是在城市、單獨在一起還是跟很多人在一起，都讓我們更親密；這是重新看到對方的新契機。

我（喬）最喜歡和孩子做的事就是在荒野中露營，一對一。在一、兩天中，我們會經驗到新的關係、持續一生的美好回憶。沒有比在曠野中待上幾天更能提醒我們什麼才是重要的，並踏踏實實活出生活中最基本的元素。

一次我帶九歲的女兒去白山（White Mountain）的野水（Wild River）。我們把車停在山徑的一頭，沿著河邊走了大概八公里。她從一開始就想媽媽，單調乏味的熱度讓我們更難受。過了一段時間，我建議穿上泳衣，泡在河裡降溫。她喜歡熱天時泡在涼爽的河水中，但我們一路走，她還是一直哭。我背著她和背包。她一下想回家，一下又想去我們要去的地方，不知道自己要什麼……好慘。

在一個神奇的地點，我們遇到了一對迎著我們而來的駝馬。雖然很短暫，但給我們的探險增加了點異國情調。

我們必須走下去，才能在太陽下山前，抵達我原來計畫露營的地方。當然，她不明白，也看不出這裡爲什麼跟那裡不一樣。但我心中有個特別的地方，一個大而平坦的紮營好地方，靠近小瀑布，我知道她會喜歡。

她往前走，又想家，又不高興。我試著保持鎮靜，力不從心地掙扎，憂慮這會不會變成一場災難，感覺自己很失敗，不能夠消除她的恐懼，「使」她快樂。

最後，我們到達了，這是我和她哥哥幾年前到南禿面山（South Baldface）並進入谷地探險的地方。暮色已深。我們一到，她就不一樣了。她喜歡紮帳篷、鋪睡覺的設備、生火、做飯。當我們工作和做晚飯的時候，小瀑布陪著我們，唱歌給我們聽。天空佈滿星星，城市裡難得一見。星星的微光在黑暗中穿過四周樹梢的開口，灑在我們頭頂上。

我們很早便鑽進了睡袋，在河水的吟唱中睡著了。她先睡著，我躺著，望著天空，用整個身體呼吸，眞高興能跟女兒在一起，聽著她的呼吸，感受探險的快樂。

清晨醒來時，藍色晨光是清新的，山頂剛剛轉成金色。我們吃過早飯，坐在火邊，擬訂今天的計畫。我的想法是走到山頂，但她想待在營地，沒有興趣去什麼頂峰，管它有沒有景觀。她不想散步，不想步行或爬山，尤其是必須揹背包。現在她有家了。因此，我們留在原地，我把自己強烈的期望和願望藏起來，知道最好是由她來選擇。

於是，我們沿河探索，當陽光照射到山谷，感覺溫暖許多，我們到河裡探索。中午時分，我們坐在河水環繞的高高岩石上，周圍河水翻騰、咆哮。我唸《強盜的女兒洛妮亞》（*Ronia the Robber's Daughter*）給她聽，這是阿思緹・林格倫[1]所寫的精彩故事，描述森林中有一個堅強的女孩和她的年輕朋友柏克，試著理清了長期不和的家庭生活。單獨一起在樹林裡，遠離文明，我們擁有很少就很快樂。陽光，河水、森林、彼此、此刻。

壘球打破愁雲慘霧

我（喬）最近常不在家，覺得像個陌生人。麥菈和女兒在我不在家時發展出自己的節奏。我為了要重新連結，有時會問些笨問題，例如：「妳們在說什麼呀？」她們不喜歡這樣，感覺受到侵擾。我站在女兒房間門口，麥菈在跟她交談。我在尋找親密，但她們不想，我想要什麼事發生，充滿了無聲的期望。在這樣的時刻，我感到自己在家裡像個外來者。

在這樣的時刻，我的修行是僅僅臨在，卻不把自己和一己的需求強加給他人，這不容易，事實上，還蠻掙扎的。只要臨在，做我需要做的事，但不屈服於怨艾或早早離開早餐桌上，或去工作，或去講手機，進一步孤立自己，這些都是我的挑戰。如果我這樣

1：Astrid Lindgren，1902-2002，俄國作家，最知名的作品是以她女兒為對象《長襪皮皮》，被譯成四十多種語言，發行量超過一百萬冊。她開啟了俄國文學於世界的地位。1958年，她更獲得童書作家最高榮譽安徒生獎。

做，即使我身體在，基本上仍是不在家的。

早上雲層低得陰沉，四月中旬仍有寒意。家人有距離，需要溝通交流，工作需要迎頭趕上。但是，我不要在書房裡孤立自己，我進出廚房，確定在家人左右，不向拿起週日報紙的衝動投降。

我試著叫女兒走出房子跟我一起做點事，不容易，但決定下午再試試。在這個年齡，她通常拒絕我建議一起做的任何事情。但她的壘球教練幾天前打電話來，告訴她，她應該多練習投球接球來準備球隊的第一次訓練。晚飯後，她同意跟我玩。我們走到外面，夕陽在雲後照耀，天色灰鬱，跟我的心情很匹配。

起先，我們找不到左投手用的手套，所以她用右手投，她自稱雙手都能用，的確如此，她可以用右手臂投球，準確地用左手接。我們玩得很激烈，球飛速來回。我把球先投向她的一邊，然後另一邊，讓她有相當數量的反手接球。然後，擴大到高飛球和平飛球，什麼都混在一起。

她接到九成我投出的球，這是有一年沒打球的成績。我們同步了，我能感覺到她很高興，知道自己的流暢和熟練度。她打得很好，自然而然，但我知道她應該有一個慣用的左投手手套在哪裡。我們休息了一下，我在一個沒找過的地方找到了。

現在，她要調整適應新手套和左右相反的位置，接球不穩定了一段時間，但她右手臂很強，比左手強三倍，準確三倍，來來回回，高高低低，還反手接。我很久沒做這事了，很快重溫自己童年的古老節奏，四十年來，這模式還沒有完全消失。我吃驚的是，手套多半時間知道球的位置。

她喜歡上這樣玩球，臉頰紅了，在冷空氣中不穿外套都沒事，還把熱氣傳給我，我感覺到了。終於，終於，我們走出門一起做了些事，是我們可以輕鬆欣賞並談論的事。

這樣的時刻，我已經等了好幾個月，我邀她一起騎自行車：「不要。」滑直排輪：「不要。」去散步：「你瘋了嗎？」開車到個好地方，坐在池塘邊：「才不要。」但現在，它發生了，我覺得我不在家的影響被沖走了。現在，我們在一起，做我們很少做的事，而且只要她想玩，整個春天都可以再回來玩。現在正是夏令日光節約時間，我下班回家天還亮著。

我們也再次發現，我們仍能一起玩得很開心。球來來回回之際，我感覺得到她的實力，也看到她以最自然的方式感受自己的實力，我很享受玩投球接球，感到她也有同樣的感覺。父親和女兒又回到親密感覺，這種享受更豐富。我們隔得這麼遠，活在不同的世界，我們很可能相互疏遠，但至少有一種方式，至少在這一刻，顯示我們仍然有著緊密聯繫，可以享受一起做些什麼。當我們來回投球，聽到撞擊手套的聲音，以及球在我的頭上飛過，發出尖銳的鳴叫聲，打到我身後的木圍牆，那感覺就好像我們玩了好久不會結束，時間都消逝了。

我很小心，不要阻止或中斷這些時刻，我知道不會持續很久，果然，天暗了下來，她在等朋友打電話來，看朋友母女什麼時候來接她過夜。電話響了，她需要準備好。但我們又相遇了一次，對我們兩個都很重要。

然後，我們坐著等門鈴響，只有我倆在房子裡。不知爲何，她主動（這從沒發生過，我簡直不敢相信）告訴我，她在美術課畫了比眞人還大的素描，她解釋說，這次練習的是一路畫完，鉛筆都沒離開過紙，一直望著鏡中的自己，很少低頭看圖。我以前可以問她一百個尖銳的問題，從來無法讓她像這樣主動談起事情，她不回答尖銳的問題，但有時會對人的存在回應。知道這一點、讓她容易接觸我，是我的工作，即使我們之間好像光年一樣遠。

女孩子

女兒小時候，我（麥菈）興致盎然地看她們在不同時間浮現的各種素質，她們在最簡單的活動中洋溢著熱情和喜悅：採摘草莓，仔細確定每一粒都熟了才放進籃裡；穿我的舊衣服和剩布料，把自己打扮成皇后和公主；假裝是幼海豚，在我周圍的海洋中四處游動。當她們把事情看得很深入、給我突發的洞察力，或表現出慈心或悲憫的時候，我眞高興她們生命中有奇妙和熱心的一面。也有些時候，她們很激烈、憤怒、頑固。雖然我在她們頑強的意志面前覺得喪志，但我非常珍惜她們的力量和專注。

在那些年頭裡，家庭和學校大體上是更廣大文化的避風港。她們的世界很簡單，很少壓力、期望或外部干擾。她們長大了之後，事情發生了變化。我漸漸知道越來越多她們從主流文化得到的訊息，那些無處不在而且視野局限的訊息，把各種期望和壓力加在她們身上，只因爲她們是女孩子。

女孩子在每一個轉彎，在每一個收銀台，在報紙、雜誌、電視和電影所接觸到的女性形象，會深深影響她們看待自己的觀點。這些形象隱微或大喇喇地顯示出，她們最大的力量就是做消費者和性感對象。這些訊息對女孩子造成很大限制和損害，尤其是接近青春期的時候。

這些形象不僅聚焦於不斷購買和消費，整個行業都致力於說服女孩把身體變得更美麗，更「完美」。然而，大部分形象是女性不可能自然擁有的身體，或只有很短期間有過的體型。這種「理想」的模樣會讓女孩子不滿意自己的身材、頭髮、衣服、皮膚，每一個方面。

外觀被賦予至高的重要，重點全在於開發外表，雕琢表面。很多女孩子花了大量的時間和精力，只注重看起來如何，或看起來不如何，因而犧牲身體的力量和實力、創造力，以及內心的自我發展。女孩或年輕女性面對著這個非常吸引人、一直存在、誘惑人的媒體攻勢之際，父母必須不斷奮鬥以提供一個眞實、支持、平衡的觀點。雖然很困難，但也有一些事情是我們可以做的。

做母親的，要在女兒抱持另類觀點
並且選擇尊重自己時，當她的盟友

我們可以開始了解這個行業的廣泛影響，不致完全沒看到，或理所當然認爲是文化景觀不可避免的一部分。覺知是第一步，一旦我們開始注意它對女兒的潛在負面影響，就可以看出它在她們的自我形象、自尊、自信、興趣和目標的影響。我們不必只是不斷地東修西補已造成的損壞，反而可以積極主動，在她們小時候，盡可能限制她們的接觸和消費。隨著年齡增長，我們越來越可以跟她們談我們所看到的，隨意些，別太嚴肅，重要的是讓她們看到這些女性形象背後到底是什麼，她們會開始意識到那些內含的訊息和購買欲，是如何在觀衆、讀者、消費者心中火上澆油。

小女孩所接觸的媒介有限，長大後，會遇到各種媒體充斥著更狹窄、更貶抑的女性形象。限制孩子接觸媒體的額外好處是，她們可騰出時間和空間去經驗現實生活，擴大認識到自己是一個完整的、有珍貴長處、技能和獨特品質的人。女孩往往體會到，參加體育運動或活動或做報告，無論是藝術、知識，或以社區爲導向，都會挑戰並開發個人創造力。

我們努力庇護她們免受負面文化的影響，並鼓勵她們覺知媒體力量的同時，也必須清楚自己的限制，謹慎表達意見，保持平衡，要不然更會造成親子之間的鴻溝。

這是帶著正念做父母困難的原因。當我們努力處理這些文化力量時，更要處理自己的恐懼、局限，有時，還有無力感。我們在家裡走的微妙界線，就是一方面教育和一方面限制，同時又要努力保持開放和靈活。當女孩大了，這涉及越來越多的談判和妥協，最終，就是鼓勵她們選擇時要詳加考慮。

孩子非常希望他們能做的和能看的都「正常」，很自然地，他們會比較自己和朋友可以做的、看的和言行舉止。在我們社會認爲是「正常」的，往往是暴力、殘忍，而且大多數時間都在貶低女性。因爲一直存在，我們習以爲常，幾乎看不見。面對這鋪天蓋地的形象——不斷把性連上暴力，物化年輕女孩，忽略或無視於年齡大些的女人、體型大號的女人、女強人、皮膚黝黑的女人，放不進「賣」得出去的、傳統、膚色白晰、柔弱、身材細瘦的理想典型——憤怒該是個適當的回應吧！但是，女性不應該生氣，生氣會被貼上各種不愉快和有辱人格的標籤，人們可能說：「你怎麼啦？」「你幹嘛這麼認眞？」「你的幽默感哪去了？」「大姨媽快來了嗎？」

養育女孩時，我們需要盡力對抗這種對女性的狹隘觀點。只要我們默默接受主流觀點，基本上就是跟社會詆毀女性的觀點勾結在一起。我們這些做母親的需要爲女兒體現另類觀點，即不同的自處之道和另眼看待我們置身的文化。女兒看待事物的方式和她們覺得最重要的，社會往往不重視，甚至不接受的時候，需要我們當她們的盟友。

女兒也需要父親體現對女性更大的尊重，感覺父親看重她們的眞實面目，而不是她們的外貌。因爲女兒在青春期前後，會遇到各種不同的、有時很困難的身體和情緒轉變，父親需要特別對不自覺或習慣對待女性的方式秉持正念，這些對待女性的模式也顯示了他們和女兒的關係，並以不同形式出現，如不敬、控制或輕浮，或把自己的需要放在第一。女兒喜愛並崇敬父親，父親就可看到她眞的需要他之處。不可避免的是，老舊的模式仍將浮現，一旦浮現時，把覺知融入，便有機會採取較無害、更正面且適當的行動。這是一個觀察、感覺和注意，並調節我們回應行爲的過程。

我們最好檢視自己的期望如何不知不覺地限制了女兒表現和自主的範圍。捫心自問：我們執著她們一定要是某種樣子嗎？女兒是否非得要是良善、體恤、敏感、仁慈、安靜的？我們希望她常微笑嗎？我們是否考慮到她們的性格，同時，又接受她們的改變？一個開朗、羞澀的女兒變成了火熱、精力充沛、性格外向、愛發言的青少年嗎？我們能否任由女兒生氣、大聲、討人厭，就像我們接受兒子有時會有的表現？我們支持她們表達獨特能力、創造力和實力的方式嗎？我們對這些問題和其他類似問題的回應，可能每天、甚至時刻都會改變；但是，問自己這些問題，是做父母很重要的一部分。

這個過程中，很大一部分是處理他人對女兒的期望。當我們或女兒從一位權威人物或同儕那裡感受到不當、局限或貶低的訊息，包括性騷擾或刻板性別，我們可以幫助她們確認並指認出那些擾人的態度和行爲，肯定她們的感受。如此一來，我們沒有輕視問題或否定她們感受，讓她們知道我們是盟友，只要她們受到不公平的對待或微妙的貶低，大可感到生氣或受傷，還可健康地回應。

很多時候，人家要女孩覺得是她們的問題，有這樣的感覺跟她們自己有關。我們可以支持她們學著爲自己辯駁，爲自己說話，說得果斷，給出清晰、充滿自信的訊息，來劃定她們的界限，並指出他人所做的不可接受的行爲。

閉上我的嘴，轉開我的臉，轉身走回過道，主教在施行堅信禮（Confirmation）時給了我一耳光，我也一巴掌打回去。把不含在我的嘴裡，像一枚金幣，一個有價值、有可能的東西。教我們的女兒說不。要重視她們的不，比乖順的好還重視。要禮讚不，要把不握在拳頭裡，並拒絕放棄。支持對暴力說不的男孩，支持不能被侵犯的女孩，支持說「不，不，我不要」的女性。要愛不，珍惜不，這常是我們的第一個字。不——是轉化的方法。

——露易絲・艾芮綺，《藍鵲之舞》

我女兒十一歲時，有好幾個月都跟我說，她感覺老師不尊重她和同學。我很高興她告訴我發生了什麼事，也盡我所能地支持她。有一天，她告訴我她與朋友在學校的晚會上興致勃勃有說有笑時，老師向她走來，連名帶姓地叫她，並用責罵的聲音說：「做個淑女！」她告訴我，她直望著老師說：「我是個淑女，不過是個堅強的淑女！」

女孩的感受若得到他人的確認，慢慢地，久而久之，便更能看到並指認出困擾她們的態度和行為，更易感知自己的感受，信任這些感受，並充分表達。如此一來，她們學到加強自己的力量，並建立情緒的能力，這對她們進一步的身心發展至關緊要。當她們身處的社會有剝奪和剝削，這些能力會格外重要。

曾經，我跟當時十一歲的女兒在一個出售東方地毯的小商店，店主來自另一個國家，用看起來有點誇張的笑容招呼我們，我感到不安，但繼續看地毯。我們到了外面，女兒告訴我，她感到非常不舒服，因爲每當我不看他的時候，她就發現他「怪異」地看她。我跟她講了一些文化差異的事，後來才意識到我的反應是如何不適切，我一直聚焦於找理由解釋他的行爲，卻沒有確認她不舒服的感覺。

那天晚上道晚安的時候，我告訴她我一直在想商店裡發生的事，我建議，如果下次有類似狀況，她可以牽起我的手，擠一下，我就知道有事不對勁了，應該馬上離開。她眼睛一亮，笑了起來，因爲她想過這個主意。

破頭巾公主 1

很久很久以前，有個國王和王后膝下猶虛，王后總是哀嘆沒小孩十分寂寞。國王說，她可以邀請親戚的孩子來住。王后認爲這是個好主意，不久兩個小姪女就在宮殿庭院蹦蹦跳跳地嬉戲了。

有一天，王后從窗口看出去，看到兩個小姪女跟陌生人打球，是個衣衫襤褸的小女孩，她趕緊下樓，「小女孩！這是宮殿的庭院，你不可以在這裡玩！」

「你要是知道我媽媽有什麼力量，就不會趕我走了。」陌生的小女孩說。「只要我媽媽願意，她會告訴人如何懷孕。」

這馬上引起了王后的興趣：「告訴你媽媽，我想請她來宮裡說說話。」

小女孩跑去市場。沒多久，一個高頭大馬的女人跨進了王后的會客室。

王后下令端上精美的食物和飲料，接著告訴女人她想要孩子，這是她唯一心願。女人喝完了麥酒，小心翼翼地說，她知道一個魔法，試試也沒有損失。

「今晚，你把床放在草地上，天黑之後，拿兩桶水來，在桶中洗浴，然後，把水倒在床底下。早上醒來，花朵會冒出來，一朵美麗的，一朵罕見的，你一定要先吃那朵美麗的，但那朵罕見的得留下。別忘了。」

王后遵循了這個建議，第二天早上床底下果然長出兩朵花。一朵是綠色的，形狀奇特，另一朵是粉紅色的，很香。她馬上吃了粉紅色的，好甜，她迫不及待吃掉了另一朵，自言自語：「我想就算沒好處，也沒壞處吧！」

沒多久王后眞的懷孕了，十個月之後，女嬰誕生，手中握著木勺，騎在山羊上。她看起來是個奇怪的小東西，一來到世界就喊著：「媽媽！」

「如果我是你媽媽，」王后說：「請神賜恩典補償我！」

「哦，別遺憾。」女嬰說，騎著羊轉：「下一個會更美麗。」果不其然，第二個嬰兒長得又美又甜，王后非常高興。

這對雙胞胎姊妹完全不同，感情卻非常和睦。姊姊很快就有了「破頭巾公主」的名號，很堅強、粗聲粗氣、大剌剌地，總是跟著山羊跑。她的衣服總是破的，沾滿泥，頭巾也破破爛爛。她堅持穿舊衣服；王后最後也放棄了。

一年耶誕夜，王后房間外出現了可怖的嘩啦聲。破頭巾公主問，在長廊上碰來撞去

1：這是一則挪威的安徒生童話。

的是什麼呀，王后告訴她是一群巨人侵入宮殿了，這事每七年發生一次，沒有什麼辦法對付那些邪惡的傢伙，只好不理會，忍受他們的惡作劇。

破頭巾公主說：「豈有此理！我出去趕他們走。」她叮囑王后把所有門都關緊後，一人走進長廊，用木勺子重擊巨人的頭部或肩部，把他們兜攏在一起趕了出去。整個宮殿好像要震垮了。

就在這時，妹妹很擔心，打開門探出頭，想看看事情怎麼樣了。砰！來了個巨人，抄下她的頭，並把小牛的頭塞在她肩膀上。可憐的公主四肢著地，跑回房間，像牛犢一樣哞哞叫。

破頭巾公主回來看見妹妹變成這樣，很生氣，責備王后的侍從沒看好她，把他們全罵了一遍。沒想到因爲自己的疏忽，讓妹妹戴著牛頭，現在可怎麼辦？

「我看看能不能把她從巨人的魔法中解放出來。」破頭巾公主說：「但我需要一艘上好配備和補給的船。」

國王知道「破頭巾公主」作風有點野，但很能幹，同意了。

破頭巾公主和妹妹一路順風地航行到了巨人的國土，在著陸之處把船繫好。她叫妹妹留在船上不作聲，自己騎著山羊到了巨人的家。她看到妹妹的頭掛在牆上，躍上山羊，穿過窗戶，進屋一把抓下那頭，又一躍出來，帶著頭跑走了。巨人從後面追來，如憤怒的蜜蜂蜂擁而入，但山羊哼了一聲，用角狠踢他們，破頭巾公主用她神奇的木勺子砸他們，他們終於放棄了。

破頭巾公主安全地回到了船上，把牛頭拿開，重新把妹妹美麗的頭安上。現在妹妹又是人了。

「我們繼續航行，去看看世界。」破頭巾公主說。

她們沿著海岸航行，最後到了一個遙遠的國度。城堡裡的人們看到了奇怪的帆，便派出使者。使者驚奇地發現只有破頭巾公主和她的妹妹，問她們願不願意到城堡，與國王和兩個王子見面呢？

「不行。」破頭巾公主說：「如果他們想見我們，就來船上。」

使者回去稟報，大王子好奇，次日就到了岸邊。當他看到美麗的雙胞胎妹妹，立刻愛上了她，想和她結婚。

「不行。」她宣稱：「我不會離開我姊姊。她不結婚，我就不結婚。」

王子悶悶不樂地回到城堡，但是，對陌生人必須熱情好客，所以他邀請兩姊妹去城堡赴宴，同時懇求弟弟護送破頭巾公主。

妹妹梳了頭髮，穿上最好的長裙赴宴，「你可以穿我的衣服。」妹妹說：「別再穿襤褸的斗蓬和舊靴子。」但破頭巾公主拒絕改變，說：「我就這樣子去。」

鎮上所有人都出來看，帶頭的是王子和破頭巾公主的妹妹騎著白馬，掛著金布。接下來是王子的弟弟，座騎上有燦爛的馬銀服飾。在他旁邊是破頭巾公主，騎著山羊。

「你不太講話。」破頭巾公主說：「你沒有什麼要說的嗎？」

「有什麼好談的？」小王子反駁道。他們沉默地騎著，後來他終於忍不住了：「你爲什麼不騎馬而騎羊？」

她說：「如果我自己來選，當然也可以騎馬。」山羊立刻變成寶馬良駒。

「哇！」年輕王子饒有興味地看著她。「你爲什麼把頭包在破頭巾下呢？」

「這頭巾破嗎？」她說：「如果我要的話，就可以改變。」就在她長長的深色頭髮上，出現了一個黃金和小珍珠的頭飾。

「你這女孩眞不尋常！」他感嘆道。「但是，那木勺——你爲什麼要一直帶著？」

「這是一個勺子嗎？」在她手裡，勺子變成了一支花楸木金嘴棒。

「我明白了！」王子說。他微微一笑，他們繼續騎著馬，他哼起小曲來。

終於，破頭巾公主說：「你不問我爲什麼穿襤褸的衣衫嗎？」

「不問了。」王子說：「你穿它們，因爲你要穿它們，只要你想改變，就會改變的。」一時，破頭巾公主襤褸的外衣消失了，穿著綠色天鵝絨的裙裾和花冠，但王子只微微一笑，說：「顏色配你正好。」

城堡突然出現在前方時，破頭巾公主對他說：「你不要叫我給你看看油煙條紋下的臉嗎？」

「那個嘛，也隨你決定。」

當他們騎馬穿過城堡大門，破頭巾公主用花楸木棒碰了碰臉，油煙條紋消失了。現在她的臉是很可愛還是很平凡，我們永遠不會知道，因爲王子或破頭巾公主都不在乎。

自主權和眞誠是破頭巾公主主要的生命能量和一切，她不怕做自己。她生得粗里粗氣又跟一般人不同，從一般的角度來看，你甚至可以說她「醜」，但她知道自己的路，走自己的路，不管別人怎麼想，身上一根被動的骨頭也沒有。她在航行中身兼船長和船員，把妹妹的頭偷回來，還看到了世界。她是野性的女子，能夠去愛，並忠於她「完美」的妹妹，一個擁有外在美、社會認爲有女性美好傳統屬性的妹妹。破頭巾公主是暗的，她妹妹是亮的。她的外表也許不怎麼賞心悅目，所以需要、甚至必須要求接納她原原本本的樣子，這是尊重她生命的基本本質，深度美好，總是美好。人的眼睛若看不見這一切，這些本質也就不見了。

妹妹因爲愛姊姊，希望讓她換掉襤褸的衣衫，洗掉髒臉，希望她看起來最好看。有多少父母努力保護孩子，希望他們不受批評，要他們看起來美麗？但破頭巾公主的立場很堅定：「不要，我就這樣子去。」

小王子騎在破頭巾公主旁邊，很沉默。當他在她的堅持下終於說話了，不隨便閒聊，他實話實說，問了一個直率的問題：「你爲什麼不騎馬，而騎山羊？」當她的山羊變成一匹馬，王子也注意到了，更加專注，繼續問其他問題，但不再詢問她衣服的事。

我們感覺他在沉默中接納了她。她問他：「你是不是要問我爲什麼穿這些襤褸的衣衫？」他不問，很顯然，是她選擇穿這樣的衣服，當她原原本本的樣子，如果她想換衣服就會換。正是那一刻，年輕的王子接受了她的自主權，說：「這也應該由你來選擇。」她變身了，在這個過程中，同時也教會了他「愛」的重點。

伸張、直率和負責

我（麥菈）的朋友和我都有過學校找我們去討論女兒行爲的類似經驗。主題都是一貫的：意志堅強的女孩說出自己的感受，就被視爲「不尊重」。

一天下午，我受邀到小學校長辦公室。校長說，助教告訴我我女兒和一群五年級女生，不應該跟男生踢足球。我女兒告訴助教，她有性別歧視，女生跟男生一樣有權利玩球。校長模仿我女兒憤怒、叛逆的身體語言，雙手交叉在胸前，頭偏到一側不看人，她想我會同意這是不能接受的行爲。接著又告訴我，助教帶我女兒到會議室，告知她不可以表現出這種不尊重的行爲，助教必須確保孩子的安全，孩子必須聽從他們的意見。她向我保證，她問過我女兒這一方，並告訴她需要寫個短信向每個助教道歉。

我同意校長說的，我女兒的確需要學習用更尊重的態度來說出感覺。但我回答，聽起來我女兒是對不公正的情況感到生氣，想跟助教傳達她的感受。聽起來也像她關注的重點和觀點沒有得到認眞對待，隱含著好似她表達這些就是「壞」。我也問校長，她是否想過，如果有一個男生類似雙手交叉在胸前、爲自己辯護，會不會被視爲是一樣強烈的負面行爲。

後來，我告訴女兒，她需要學著如何堅持自己的立場，卻不是帶著不敬。如果別人不明白她想說什麼，那麼她說別人有性別歧視就像在罵人。此外，她要曉得如何用肢體語言和語調來說話，而且，不只是說了什麼，怎麼說也很重要。我想讓她看到，她的行爲影響了其他人，也造成後果，原因之一是他們聽不懂她的話。

學習以尊重的態度說出我們的感覺和觀點，絕不容易，需要許多練習。我們必須給孩子這個空間，從嘗試、犯錯、再試來學習。

她站出來說話的勇氣從沒得到確認，只收到如下訊息：她該安靜、服從。如果女兒爲自己或他人說話時，不斷收到此一訊息，父母也沒能接受她的憤怒，了解她的觀點，她可能會開始轉而向內，不再發言，失去自信；好多女孩都是這樣。九歲時往往很有活力，又有自信，但到了十四歲，莫名其妙地變得掩藏、遲疑不決，甚至失落了什麼。

女兒有位朋友是資優生，一個完美主義者，對自己要求很高，思路也清晰。五年級的老師告訴她，週末可把她做報告的物件（她做的木偶和鎭上圖書館的書籍）留在學校。她覺得週末把它們留在學校不安全，但沒有告訴老師這一點，只是說：「不要，我要把它們帶回家。」老師覺得她不尊重，把父母叫來。雖然這個女生在學校裡從來沒有「表現不好」或「行爲不端」，但老師選擇了一個非常有限的框架來看待她的回應，而不是詮釋成這顯示她有足夠的安全感來表達出她要做的事。

如果她跟老師說明理由，溝通就會更有效，也更尊重對方。但交流溝通的精緻藝術需要練習和經驗，老師可以進一步問她帶回家的理由是什麼，幫助她表達清楚。

父母要協助孩子認出顧慮，鼓勵他們用直率和尊重的態度表達顧慮，並捍衛他們認爲正確的想法，甚至當別人不理解，或感覺自己想法不被納入考慮的時候也要如此。要做到這一點，我們要爲孩子伸張，並幫助他們弄清楚身處的困難情況。

如果孩子感到自己的感覺算數，有人想要了解他們的觀點，成人很同情並願意探詢，而不是抱著封閉的態度和評斷，在學校的確可學到很多基本的生活技能。

教室裡的正念

九〇年代中期，猶他州南約旦韋爾比小學（Welby Elemenary School），五年級老師卻莉・韓姆里克（Cherry Hamrick）是第一個把正念融入教學的先鋒，她支持學生當自己，在上課中更認識自己。她每天排出時間，讓孩子向內心集中注意力，稱爲「與自己關係親密」。如今，已有許多學校的教師以不同的方式將正念修行納入教學。她這麼描述：

每一天都有不同的孩子負責搖鈴，告訴大家開始和結束。規則是，這個孩子決定靜坐並跟隨自己呼吸的時間有多久，以十分鐘為上限。孩子們可自行決定練習多久、以何種方式。除了打坐，他們有時練習全身掃描和正念伸展運動，在學校操場行禪，進教室之前在排隊時練習立禪，減少壓力的練習在一開始顯得「怪異」且「陌生」，後來成了孩子一天重要的一部分，許多人很喜愛並與父母和兄弟姊妹分享。

在這個專注於呼吸，並看著念頭來來去去的過程中，孩子知道自己不必對生起的每一個念頭都有所反應，同時，心有時四處跳躍而且動盪，並不是說他們也要跟著跳躍。修行之後，他們對安靜和靜坐更加自在。有一個男生有注意力不足過動（Attention-Deficit Hyperactivity Disorder, ADHD），低年級時有多年問題，學習了一年靜坐後比較自在了，並能專注呼吸之流達十分鐘之久。他在課堂上的專注能力發生了巨大變化，第一次爲同學和老師接納了。當我（喬）參觀教室的這一天，他的母親告訴我這件事。這個男生率領班上靜坐十分鐘，來訪的家長也一起，我們靜坐時，他親自指導。

在幼年時學習接觸安靜和寂止，尤其是在學校裡，用一個開放而非操縱或強制的方式教導，很能平衡並處理學校生活的外來刺激和外在行事的取向。孩子可以發現如何利用天生本具的能力，進入深入的專注，並運用它來集中注意手邊的工作。

韓姆里克老師一個學生，一個十一歲的女孩給我寫信：

> 修行已經成了我熟悉的一種習慣，我會終身修行。起先，我在禪修時，感覺癢了，就對自己說「感受、感受」，一分鐘後，我就開始抓癢。但現在我不抓了，因為我跟它在一起夠久，它就消失了。在禪修中，我也注意到呼吸更深了，我更專注。做瑜伽時，我比以前獲得更多能量，我想這是因為我的行動更有正念，因為禪修和瑜伽，我不再像以前那樣急著做每件事。

韓姆里克女士不僅將正念減壓帶進教室，而且把正念融入課程，包括數學、英語、科學、地理。她鼓勵學生全心投入學習。他們接觸一個學科，不僅用認知和訊息處理的能力，還用直覺、感受和身體，他們學到現今所謂情緒智商的基礎，也發展出更多的學習熱情。學校一位老師描述他目睹韓姆里克老師的開放教室：

她課堂上的氛圍叫人難忘，我從未經歷過這樣的事。我意識到她用來形容東西所用的一些詞彙……她提到她努力達到「實用教室」（functional classroom）。

我注意到在她的課堂上，學生相互合作，一起討論功課，有一種安詳和平，鼓勵發言，但只容許跟功課有關和「感受」的談話。師生彼此感興趣而且關注。他們每天練習談論感受，處理感受。我注意到學生的自尊有所成長，對人類生活和生命的關心也是。這個教室裡的學生似乎比我以前觀察或親身經驗過的，更由衷地快樂和滿足。他們用適當的接觸（擁抱）來表達愛意，懂得如何用充滿愛心和關懷的方式，而非敵對或辱罵，來解決衝突和問題。

韓姆里克老師也教學生如何專注，如何感知自己的呼吸，以及如何用這樣的技巧來掌握生活。在早晨有了片刻禪修準備之後，一天中似乎表現更好。學生能專注，不為環境中的噪音所干擾，歸因於韓姆里克老師應用她的訓練和鼓舞。

韓姆里克老師在給我的信中描述她的困難期間，就是學年中教室必須整修，她的班得暫時遷移到新的空間：

五年級的教師都對遷移的擾亂和學生行為的極端變化紛紛發表了議論。事實上，大多數老師的第一天都很混亂。我發現我們每天〔正念〕的練習，為〔新環境中〕美麗的日子鋪了路⋯⋯。

教室搬家後的第一天，大家專注於一起用功，一切都很平靜⋯⋯。全校師生都瘋了似地在調適哪個在哪裡，彩虹騎士（Rainbow Riders）卻用「他們的感受」進入教室，一起靜坐時，他們只想「感受」一起靜坐的體驗。他們愛一起體驗滿滿的飽和的寧靜，也說這很難解釋，實在很可愛。他們堅持認為那不是「話語」，成人大多想要一個解釋；聽了這話會很挫折。學生說，這是必須去感受的東西，「那感受最初有一陣子沒出現，只有在他們在一起時，感覺才最好。」

第一天，我讓他們帶頭。我常這樣，這樣一來我可以感覺得到他們的理解和過程在哪裡。他們沒有興趣知道每樣東西的位置，除了最基本的像是廁所、飲水機等。他們只希望彼此連結，並參與課堂。我一直等到上午十一點，請他們想參觀學校就告訴我。他們只是笑著說，還好啦，要我吃午飯時，告訴他們學校餐廳在哪裡，但時間還沒到。學生們禮貌地跟我說，我在「用我的預測未來的才能」，現在最好安住在此刻，這一分鐘。我說：「哦，好吧。」好奇他們怎麼想我。一個〔被鑑定為過動兒的〕男生對我的說法有點生氣，說：「不要急著搶救她思考的心，她會琢磨出來該怎麼辦的。」

第二個星期了，他們仍然只想看看基本需要和上課教室。我很喜歡我們修行的成果。他們認為「別班都捲入了很多不需要的事情，不能專注自處、安頓自己或同學」。一位學生說：「他們到處跑來跑去，總是想要拿什麼東西，從沒停過。」

分享這段故事並不表示，做父母的應該教孩子如何禪修，雖然有時候禪修的日常應用會自然出現。在那些時刻，我們可以利用自己的經驗和做法。舉例，當孩子受傷，建議孩子注意、仔細注視是什麼給疼痛「著了色」，以及疼痛每時每刻是如何改變；或是當他們難以放鬆或睡著時，向他們展示如何「漂浮」在呼吸波浪之上，就像在一艘小船上；或者他們能否想起當別人所做所說傷了他們的感情，心「搖動」的時刻。

從孩子在不同年齡所表現出來的興趣得到提示，是聰明做法。最終，我們最能給予的就是身教，經由活在當下的決心和對他們的敏感度。當我們禪修，無論是坐著或躺著，都體現了沉默和寂靜，孩子看到我們的深度專注，會熟悉這種無所作爲、生命自處的方式。很多從正念修行發展出來的洞見和心態，會自然滲透到家庭文化，影響孩子，也能在他們需要時及時用上。

卷八
限制和開放

我們繼續做自己的內心功課、保持適當的界限、願意讓大孩子自己把事情理出頭緒、保持私密。同在和開放、愛和興趣、願意回應，都會造成親子之間更寬敞的尊重和信任。

期望

我們對孩子渾渾噩噩、未經檢視的期望，很容易就把看待事情的方式著了色，影響我們的選擇和行動。有一些期望是有益的、正面的，而且可催化出重要的機遇；有些則會限制，甚至引起孩子和自己不必要的痛苦。

我們都有期望，特別是對孩子：他們的行爲應該如何，應該如何打扮，在學校表現如何，有什麼樣的感情關係，在這個年齡或發展階段該做什麼等等，等等，等等。緊跟著期望而來的，通常是某種評斷。只要我們注意自己的念頭和感受，便可以看到，期望和相關的無法言傳的評斷一直在我們內心景觀中。最有問題的是，我們一直僵化地抓著它們，忘了它們不過是念頭，經常滿載著激情，卻不見得眞實。

如果開始檢查，我們會發現自己懷有相當多的期望，一旦不能「勝任」，就會嚴厲批判自己。我們常期望自己「應該」總是把事情做好或做「對」，功成名就，是個好父母、是個孝順的好兒子或女兒，受人愛敬。

嚴厲批評自己會引起一系列的情緒，包括羞恥、失望、尷尬、憤怒、屈辱、力不從心感等等。孩子感覺被評斷時，也會有類似感受。正因如此，我們必須知道自己的期望、如何表達期望、期望要達到的目的，還有，期望對孩子的正反面影響。

我們的期望依每個孩子和不同年齡而有不同，有些可能跟一天的家庭日常運作有關，如誰負責做什麼，更多是彼此的關係。我們也可能帶著更沉重和有潛在問題的、往往沒有自覺、不能言傳的期望，例如，孩子該永遠聽話，或不服輸、或內向一點、或外向一點。這樣做沒有惡意，但我們會在不知不覺中把孩子框在概念中，既限制又無視他們。同樣，真正的問題來自我們很容易捲入自己的想法和意見，卻無知無覺，沒有真正看到孩子的豐富和複雜。

在不斷培養正念的過程中，請記著要將覺知融入念頭，這樣一來，我們會看到我們抱著的期望和相關的情緒。問自己具體的問題，如：我們對孩子**真的**有什麼期望？期望跟現實和年齡相符嗎？期望有助於孩子的成長和自主能力嗎？我們期待過多還是過少？我們讓孩子感到不必要的壓力和失敗嗎？我們的期望和如何表達期望，提高了孩子的自我意識，還是緊縮、限制或貶低了孩子？這些期望有助於孩子的幸福、被愛、被關心、被接納的種種感覺嗎？我們對孩子的期望前後一致嗎？我們的期望怎樣才能符合孩子的獨特性格、學習方式和利益呢？這樣的質疑、探詢，有很大的創意，我們覺知到念頭就是念頭、情緒就是情緒、評斷就是評斷。

我們應檢視自己的期望是否考慮到每個孩子天性的許多面向，有沒有給他們空間去嘗試不同的行爲。例如，我們讓孩子表達憤怒的情緒，只要他們不傷害別人嗎？我們希望孩子富有同情心和愛心，可是一旦他或她表現出憤怒或自利，既沒有同情心，也不愛人，我們就失望了嗎？

如果你想孩子大方，
必須先任其自私。
如果你想他們有紀律，
必須先任其自然而然。
如果你想他們勤勞，
必須先任其偷懶。
這是一個微妙的區別，
很難對批評你的人解釋。
如果不理解一個特質相反的那一面，就無法全然領會它。

——〈對立之必要〉（Opposites are Necessary），
摘自《父母的道德經》（*The Parent's Tao Te Ching*）

我們有無窮的機會練習用慈愛、實事求是、淸楚的方式，更巧妙地表達我們的期望。我們可以敞開心懷接納孩子的回應和他們的感受，同時，淸楚地告訴他們，在那一刻我們需要或期望什麼。久而久之，便可以幫孩子了解並發展對自己和他人切合實際而且健康的期望。

當親子對彼此的期望是相互衝突時
父母要試著先從孩子的立場和觀點來看事情

我（麥菈）記得很淸楚，第二個孩子出生之後，我對第一個孩子的期望就改變了，期望老大更負責任、更獨立，那是在他妹妹來到這世界以前所沒有的。他本來一直是我們的「寶寶」，但跟剛出生的嬰兒相比，我們突然用不同的角度來看他，對他的期望開始倍增。我想大概是我們希望多一個嬰兒的生活可以容易些，也可能是保護某種生物物種的副產品，我們愛上了初來乍到的嬰兒，兄姊便失去了神奇的光環，因爲他並不像嬰兒一樣需要我們才能生存。

當我看到其他家長對大孩子有類似的期望，我眞希望能提醒他們，兩歲兒在許多方面仍然是一個「寶寶」，四歲孩子仍是一個四歲孩子，六歲孩子仍然想要人抱，感到父母的讚美和愛的能量，八歲孩子可以承擔更多的責任，並從中受益，但還是需要擁抱、與父母獨處的時間，他無法一直擔負什麼責任，而是需要自由地做個孩子。

孩子對我們也有期望，期望我們準時，或者希望我們總是遲到；希望我們可靠或不可靠；能給他們時間，或不給他們時間；會馬上生氣，或能夠諒解。他們對我們的期望是根據我們過去行爲而來的經驗。他們可以揭示我們的行爲，這是我們自己看不到的，我們因此有了機會改變，變得對他們、對自己都更健康。

當我們突然脾氣暴躁，說話尖苛，孩子會感覺困惑或煩亂。如果我們在那一刻承認是太累或遇到困難，便給了他們一個理解我們行爲的框架。當我們行事讓人意想不到，但能指出它是什麼，便能把不測又混亂的宇宙變成有序且可以理解。如此一來，當父母的情緒突然變化，孩子便不太可能責怪自己，或感到緊張和焦慮。這對他們做人處事很有幫助，等他們長大一些，會把自己各方面的行爲看得更清楚。

如果一個孩子不小心打破東西，她預期父母生氣，如果他們沒生氣，她會大吃一驚，這也許是因爲父母過去總是對類似的情況生氣。然而，這一次，父母以更大的理解和接納來回應，因爲他們努力更加覺知自己的行爲，以及行爲對孩子的影響，努力記著什麼才是最重要的。這個回應體現了更大的善意和理解，突破了父母對女兒原本有限的期望，也改變了女兒對父母的期望。

我們對孩子的期望多少取決於當時處在什麼樣的壓力之下，或是覺得可以動用的力量有多少而異。處於艱難的時刻，就不能指望孩子同情或諒解。這並不是說他們不會同情或理解，有時孩子會以極大的善意和同情回應，但他們多半只想得到他們想要的，對我們的問題沒有興趣，幼小的孩子更對長篇大論的解釋不感興趣，但還是要讓他們知道我們的行為跟感受是連結一起的，就像他們的行為也跟他們的感受連結。

孩子小時候，我們家裡有一定的規則，如：「沒有大人，不可自己過馬路。」「不管多生氣，絕對不可動手打人。」「說話要尊重別人。」要跟孩子說清楚我們不可接受的行為以及期望，這是另一種滋養孩子的方法。若父母前後一致、介入，並設定清晰的界限，小小孩會感到特別安全，如釋重負。

隨著孩子年齡的增長，在需要做的事情及行為上，都要承擔更多責任。最好讓他們為自己的行為負責，也最好在回應時尊重他們的自主權，並給他們機會去體驗自己所作所為的自然後果。

有時候，我們會和孩子的期望有直接衝突。我（麥菈）記得有一次，孩子不想我們去她學校參加活動，我們非常吃驚又失望，即使很想去，但孩子想獨自體驗，要這活動是她自己的經驗。

兒子上大學時，我希望跟他一起開車到學校去，想看看他的新窩，參與這重要的過渡。但他希望曾跟他旅遊全國的朋友開車帶他，希望以獨立人之姿到達大學校園。他告訴我們這一點之後，我在強烈的失望和努力想從他的觀點來看這件事之間掙扎了好一陣子。後來我終於理解他要以自己的方式去學校為什麼這麼重要，這幫助我放下長期抱著的期望，改用眞誠和接納的心態說：「我知道你爲什麼想跟朋友去，我沒問題。」

在這種情況下，孩子需要父母從他們的角度來看事情，得到我們的理解和接納。父母經常只從自己的需要和願望的框架來運作，而不是孩子的。我們應對兩方面都保持覺知並看到在最可能的範圍內，什麼最適合孩子，才是最好的。必要時，要放下自己想要事情非得如何的強烈執著。

當我們與期望搏鬥，並自覺地放下對孩子不好，或不利於他們成長和福祉的期望，就送了孩子一個無形的大禮物，這也是懷著正念做父母重要的內涵。這樣，家庭氣氛就會有一個更大的空間感和平衡感，大家都有更多空間成長。

交出自己

我（麥菈）才剛從幾個特高的壓力情況解脫，老么卻生病了，臉通紅，頭又痛。我呼喊著自由，現在，拴著我的皮帶突然變得更短了。

我很生氣、很沮喪，感覺到了極限，只想退出，爬上床，關上門，但她感覺糟透了，她需要我，我的心跑到她那裡去了。她並不是爲了折磨我才這樣做，她也沒有辦法，就是病了。我做個深呼吸，向此刻的需要交出自己，並把期望和原本打算做的事情擱在一邊。

發燒加劇了她一切感受，眼睛不能見光，所以窗簾拉下了，房間黑暗、寧靜。沒有平日的娛樂：音樂、電話、電視。她偶爾睡覺，醒了，不願獨自待著，我坐在她旁邊，給她冷毛巾覆在額頭上。我給她茶和烤麵包，唸故事給她聽。我做這些事情的時候，感覺欣慰，盡我所能讓她感覺舒服些。唸故事或只是坐在她身旁，握著她的手的時刻，有一種安靜的豐富。我唸故事時，她會快樂地看著我，或是說：「我很高興我們在一起。」她的眼睛特別明亮，臉幾乎是半透明的。我想到她要是在學校，今天會多麼不同，「生病」的時期居然可以這般滋養，讓我驚嘆不已。我常看到孩子擺脫疾病之後看起來不一樣，通過一般稱爲發燒的高熱考驗、退避到安靜和受到照顧的情境，人改變了，彷彿成長了。

當然，她也有煩躁、憤怒和苛求的時候，那些時刻是我的實驗室，給我考驗，我該認爲她是衝著我來，很生氣，還是該記著生病是什麼感覺，同情並接受？我可以讓她表現出沮喪和痛苦，而不評斷或批評她嗎？我可以放下我期望那天該怎樣過，不對抗已經發生的必然性和美麗嗎？

局限和開放

有些研究顯示，若父母非常寬容，幾乎沒有設下任何界限或限制，或者是非常專制、僵化、霸氣，孩子都會受苦。只要父母雙方都溫暖而堅定，用清晰的框架給予適當的限制和界限，來尊重孩子，那麼孩子長大後往往更加自信，有安全感。在關懷、連結和有承諾的關係的脈絡下，我們可將限制看成給孩子的機會，而不只是我們在他們道路上設下的障礙。

我們努力不要有常見的獨裁衝動，但對於必要的限制，通常是對孩子身心健康有負面影響的事，仍要保持堅定：如電視、垃圾食品、電影、電腦遊戲，以及影響他人身心健康的行為，如不尊重、打人和對罵。

我們設下的限制，是要努力做自己覺得正確，對孩子也公平的事。但事實上我們的決定對孩子常是不公平的，然而，只要我們知道他們需要什麼，可以懷著慈愛仍決心堅定。對某些議題如果過於死板，無意中反而鼓勵他們更想得到他們得不到的。隨著年齡增長，風險更高。如果我們過於僵化，他們會不再信任我們，或撒謊，或者完全退縮。

另一方面，如果我們過於寬鬆，在他們能自我調節以前，就讓他們爲所欲爲，擁有想擁有的，很快就會看到負面影響，疲憊、緊繃、煩躁不安、恐懼、焦慮、侵略、判斷力差、無法控制的行爲，以及整體失衡。一般而言，中庸之道是最明智的做法。

孩子小時候，我們給他們自由去探索，追求他們感興趣的東西，嘗試不同的行爲。若他們做的事情有害或有潛在危險，我們的反應必須僅限於這些特定行爲，實事求是地讓他們知道：不行。同時，又要讓他們感到，他們本身沒問題，我們對他們的愛和接納是一個常數。

有時設限來自憤怒，但更多是來自簡單的常識，擔心他們睡夠沒有，或吃了什麼，或安不安全。久而久之，他們會從碰觸到這樣的限制逐漸學會照顧自己，最終學會如何健康的選擇。

孩子大些之後，面對同儕和社會強大的壓力，我們有時必須介入並對一些活動施加某種限制。這需要相當大的毅力和技巧，甚至高度技巧的談判。做青少年的父母可能讓人筋疲力竭，所需要的努力跟照顧嬰兒時在夜間起床一樣必要且要求嚴苛。

孩子越大，在某些情況下，我們的期望和他們的行爲大相逕庭，越多時間我們想要說：「不可以！」這種心態若伴隨著強烈的自以爲是語氣，只會使問題更嚴重，而且完全無助於改善情況。我們聲明不會容忍的某種行爲，然後呢？孩子小時候那種相對簡單的策略，如讓他們分心和重新引導興趣，或把他們帶離開現場，對年齡較大的兒童都不適用或不可能。

設限是必要的

但是要靈活，而且必須帶著覺知不斷檢視

我們經常會發現，必須等到大孩子不生氣、更容易接受時，才能針對問題找出解決方案和妥協。如果我們一開始便認出他們的感受，便能由衷地與他們連上線，然後把對話移到針對問題的討論。最後，我們結合自己與生俱來的良好感覺和日益增長的自我覺知，用他們能聽懂的方式，表達我們的感受和關注，並在需要的時候，還要說出具體的後果，像是上網的限制，或年齡更大了，像是用車的限制。

無論我們決定做什麼或說什麼，最好能扎根於並感知自己的能量狀態和情緒，也許把覺知融入身體的緊繃和呼吸，刻意放緩下來，讓它深化。這樣一來，我們便可安撫自己的神經系統，同時也影響孩子。我們也會覺知自己的語氣，譬如某些時刻，不自覺就用嚴厲、嗓門提高、尖苛的聲音，其實我們可以捨棄不用，安靜些，仍然堅定。在這困難的時刻，我們需要不斷地重新感知內心的力量，提醒自己什麼才是最重要。這是動中修行正念的做法。

最終，孩子對行爲限制的反應，部分取決於他們覺得跟我們和整個家庭多緊密連結、多能看到限制是因爲關注和關懷、覺得我們有多公平。

就像家有國中生的父母一樣，有段時間，我們苦於女兒把所有的空閒時間都花在電話上。一開始看起來無害，後來居然變成她從學校回家的那一秒鐘到上床，不是在電話上，就是在等電話。她做什麼事都會被電話干擾，包括家庭作業。儘管她保證會做功課，但根本不能安靜地集中精力，學校功課當然受到影響了。這種無限使用電話也爲她和家人的關係帶來了負面影響，以至於她看我們像陌生人，帶著憤怒和疏遠的態度。

我們意識到，若只是告訴她電話時間要限制，是很專制的，她會非常生氣，而且把距離拉得更遠。於是我們決定開個家庭會議，大家都要發言，說說對電話的感覺如何。聆聽彼此之後，我們更了解對方，終於規劃出一個電話時間表。大家都很滿意。

沒有干擾的晚餐時間，飯後一小時做功課，幾天後，她承認她「有點喜歡」新電話時間表。我們看到她有一段獨自安靜、不受打攪的時間，如釋重負。她不會主動這樣做，必須由我們來開始。

一、兩個星期後，她不可避免地想改變我們想出的妥協方法。她告訴我們，她想提前一個半小時用電話，我們說如果她提前一個半小時結束電話，當然可以。她不願這樣做，又回到原來的協議。我們知道限制女兒和整個家庭的電話時間會有正面影響，所以更容易站穩立場。

特殊情況和時間總會有，我們需要靈活有彈性，重要的是，要先告知孩子。有些方面很困難，因爲孩子知道有些問題可以討價還價，他們會找到一個通融的機會之窗來調整規則。有時他們甚至變成爭論高手，簡直是辯護律師，雖然這會阻撓我們的權威，我們還是不得不接受這個令人欽佩的特質。但是，尤其是年幼的孩子，應該學到「不行」就是「不行」，沒有談判或改變心意的餘地，這會造成明確的期望和一個可靠、安全的家庭環境。

每個孩子都不同。早起的鳥兒就寢時間自然跟夜貓子不同。孩子若喜歡讀書，晚上就比閱讀困難的孩子擁有更多資源。較能自我調節、不衝動的孩子，父母自然也比較少設限。

即使我們注意到，容忍和設限會跟不同的孩子、在不同年齡，或不同情況下，有所改變，但帶著正念做父母就是，不斷重新審視我們所做所想是否眞的都爲孩子好，自問是否還有更好的辦法。

孩子越大時
父母的內在功課是對自己的恐懼和焦慮懷有正念

當孩子長成青少年，父母之路百轉周折，能見度降低，事情跟表面看上去總有差距。他們需要隱私，但那隱私意味著我們不會一直知道發生了什麼事情、他們眞的在做些什麼、眞正參與著什麼。他們很可能對我們撒謊，關注的焦點很容易轉移到「我怎樣才能逃過這關？」而不是「什麼對我最好？」年齡較大兒童的問題標誌比嬰兒的哭聲更容易遭到忽視和否認。我們可能很想說「好」，其實想說「不行」，不但爲避免一場口角，也擔心說了「不行」之後，會把他們推得漸行漸遠。

青少年，如年齡較小的孩子一樣，需要我們把他們拉回現實，讓他們知道我們所看到、感到的，和關注的問題是什麼。他們需要我們誠實說出我們認爲可能發生的危險。同時，我們盡力小心不要把他們推走，不要推到封閉、抵擋、藐視我們、與我們失聯的地步。我們常常覺得必須說「不行」，如果沒有帶著正念，「不行」會帶著許多隱性信息，如：「我們不信任你。」「你很壞。」「你沒有判斷力。」我們需要知道內心生起的感受和所觸發的自動反應，如此一來，就不會在已經夠困難的情況下，還造成更多不必要的距離和疏離。

如果我們對十幾歲的女兒說：「不行，你不能單獨與這個男孩在他的家裡。」反應可能是：「難道你不信任我嗎？」我們可以體貼地回應：「我們是不信任這種情況。人太容易在壓力之下做出有潛在危險或會感到內疚的事。」至少她可能看出，這種反應沒有任意行使權力，而是尊重與非天眞的評估，不抨擊孩子的誠實操守。她也許看不到我們的觀點，也許會拒絕、不滿和憤怒，不過，在那一刻，父母指出了眞相，而且知道這次互動，無論最後如何演變，註定是許多同樣的事件之一。我們用智慧來決定讓自己處於什麼情況下，是一種生命功課，需要時間和經驗來學習。

一位朋友接到女兒打來電話說：「媽媽，我在紐約市。」她們先前已經討論過，爲什麼不讓十六歲的她獨自從波士頓到紐約，參觀一所她很感興趣的學校。如今女兒告訴她沒法聯絡上她以爲可以借宿的人，現在借住在一位年輕女子的家，是她最近才在當地聚會中認識的。這位母親如何應對這樣的既成事實？

她明智地花了片刻評估後意識到，女兒會好好照顧自己，也考慮得很周到，打電話給她，讓她不用擔心。她已經在紐約，再生氣都無法改變這個現實。她於是告訴女兒：「我現在沒有生氣，但我保留將來生氣的權利。」她選擇在更適合的時間處理情緒的不滿，同時繼續問女兒問題，完成這趟旅行和回家需要的東西是否都有了。她意識到，女兒正試圖做一些對自己非常重要的事情。雖然她不同意女兒的行爲，但同時也能理解女兒的勇氣和機智。這位母親清楚表達了情緒，也深入思考女兒的需要，能夠諒解，而且不讓衝突產生。

爲人父母不可避免的挑戰是，孩子越大，我們便越少甚或無法掌控他們到外面的世界遇到的潛在危險。在此期間，父母的內在功課是要對自己的恐懼和焦慮懷有正念，這很重要，也很困難，但至少給我們一個機會，不要捲入情緒，完全蒙蔽了視野和理性，看不到孩子正在經歷的，或無法與他們充分溝通。

這是一個我們能以過去所做的爲基礎，建立信任的時候，最重要的是，在家庭內部有共同的連結感。以此爲基礎，雖然不容易但仍有可能跟孩子談酒精、毒品、無保護（包括情緒和身體）的性行爲等等的代價和風險。

年齡較大的孩子有越來越多的自由，面臨各種選擇，其中一些是有破壞性和危險的，有時還有同儕的強大壓力，這時，孩子培養自我覺知的能力就至關重要了，包括在任何情況下都知道自己的感受，學會問自己，什麼才是眞正需要的。只要有自我覺知，他們比較容易更健康的選擇，更會設定自己的限制和界限。

許多活動會自然建立起自我意識，以及自律和自信。當他們遇到具有難度的情況，家長，學校和社區最好合作，爲孩子提供這樣的機會，給予正念的指導。如武術、體育、瑜伽、舞蹈、繪畫、攀岩、荒野露營、寫日記等等，都可讓孩子體會限制，不管是眞實還是想像的，並滿足他們所需要的機會和突破。某一領域中的自我效能感和內心體驗的掌握，絕對會擴散到生活的其他範疇。隨著生命一步步展開，孩子自己走出去了，必須不斷成長，他們終會走到一個全靠自己的覺知、理智和過去經驗來判斷的年齡。

管自己的事

他弓莫挽，他馬莫騎，他非莫辨，他事莫知。

——中國，十三世紀，無門慧開禪師[1]

「你去了哪？」

「出去了。」

「你做了啥？」

「沒事。」

父母很容易以爲必須知道孩子的一切，包括他們的內心生活。有這樣的感覺很自然，畢竟孩子小時候，我們那麼接近他們，他們發現並了解自己和世界、體驗快樂和悲

1：見無門慧開禪師所撰之《無門關》，1228年刊行，英譯本在歐美十分流行。其第四十四則爲〈他是阿誰〉，全文爲：東山演師祖曰：「釋迦彌勒猶是他奴，且道他是阿誰？」無門曰：「若也見得他分曉，譬如十字街頭撞見親相似，更不須問別人道是與不是。」頌曰：「他弓莫挽，他馬莫騎，他非莫辨，他事莫知。」

傷之際，我們都與他們同在。但隨著年齡增長，最好給他們的私密留個心靈空間，當他們決定分享時，也留個空間。這本身就是慈愛的行爲。於是，當他們需要或想要分享，會覺得可以信任我們，我們會了解他們的顧慮。

年齡較大的孩子有越來越多的自由，面臨著各種各樣的選擇，其中一些是有破壞性和危險的，有時還有同儕的強大壓力，這時，年齡較大的孩子培養自我覺知的能力就至關重要了，這表示能夠在任何情況下知道自己的感受，包括高度衝突的感受，並學會問自己，什麼才是眞正需要的。只要有自我覺知，便比較容易做出更健康的選擇，更會設定自己的限制和界限。

這需要我們與他們同在，而且有求必應，也是一種只管自己的事的健康決心。這是一種微妙的平衡，需要高度的敏感性、洞察力和耐心。

當然，每個孩子都不同，每個父母也不同，我們要認識到家庭和自心的當前形勢。爲了只管自己的事，我們必須知道什麼是做父母眞正的事，什麼不是。

如果孩子覺得我們一直在管他們的事，想知道的比他們願意分享的還多，而他們不理我們或跟我們切割時，我們就說他們傷了我們的感情，這遠遠不如用耐心和不窺探、不刺探、不霸道與他們同在，更能促進正面的親子關係。

回頭想想自己當青少年的時候，可能會有所啓發。在某些時候，我們不是有祕而不宣的事嗎？那些事就不是父母的事，永遠不會是、不可能是，因爲那是我們私人內心世界新浮現的經驗。

孩子在某些時候可能會告訴我們，他愛上了誰，還是要結婚了。我們可能知道外在的情況，對內心的情況也有點感覺，但又不可能完全知道內心，因爲它就不是我們該知道的。我們的工作就是照顧自己內在的事、自己心的事、自己身體的事、自己人我關係的事，以及自己生活的事。還有，孩子從完全依賴的小孩過渡到獨立而相互依存的成人，給予同樣的自由和尊重。

我們繼續做自己的內心功課、保持適當的界限、願意讓大孩子自己把事情理出頭緒、保持私密，我們與孩子的連結會更有質感、更溫暖。同在和開放、愛和興趣、願意回應，都會帶來親子之間更寬敞的尊重和信任。這部分的事，是我們該管的。

棋子總要你先下

跟兩個女兒看完電影，大的不久便進入夢鄉，但小的睡前還需要別的什麼。她換了睡衣，還要講個故事，後來又改變主意，問我們可否在床上下棋，只一盤，然後熄燈，睡覺。我們同意了。

我們很小心不要弄亂床墊上棋盤上的棋子。她先像個公主般問我，我可不可以幫她拿個橘子來，「還有，爹地，保溫杯。」在這個寒冷的十一月夜晚把床熱一熱。只要能找到杯蓋，我是很樂意的，接著我把全套棋子拿來。

不久前我們又開始下棋，好幾星期了。有時她要我玩，有時我要她玩。前面有很長的時間，我沒法讓她跟我下棋，但麥菈想弄一個更大的棋盤和棋子，還有那種每下一子就打一下的雙人棋鐘。棋鐘肯定會增加額外的樂趣。就好像每一個動作都有收尾，肯定那是你真正想下的棋。她喜歡玩棋鐘，我也是，其實我們從沒看過時間。絕對是每次敲打的重擊聲比較好玩。

我們的夜間遊戲進入情況了。她拿黑棋，她總是選黑方，我先將死她，雙方都有點吃驚。我起先也沒想到居然將死了。她已經入堡（王車易位），我把我的后帶到她的王那裡，我的象在後面支援，不知何故，她沒有一個棋子可以吃我的棋或擋住我。一切發生得太快了，我們決定玩「最後一次」。

我試圖在這場比賽中建立一個相似的機會，她很快就識破我的心思。我可以看得出來，因爲她下卒的地方，剛好使我徒勞無功。在幾個關鍵的地方，那一丁點的幫助，她就在我將死她的前一步將死了我。多好玩！我們決定多下一盤。

我這時已經累了，老大不情願再玩，不過開始玩後，不情願消逝在當下的能量中。這次，棋盤中央有很大片殘局，兩邊的后在附近，兩邊的王都在一旁支援，車和象也不遠，當我們互相追逐時，我們的王從這裡、那裡的開口逃離，將軍，然後來來回回又輸掉將軍的優勢。很好玩，我倆都沒有見過這樣的場面。這次她玩著玩著已躺下了，頭枕在保溫杯上，與棋盤同高。

我們一邊玩，有時用有趣或懷疑的眼光接觸，默默地抓住對方的企圖，或在塑膠六十四格優雅原型的有趣世界體驗少有的純粹快樂。她從來不要我指出哪一步的對錯，但如果她有后這樣重要的棋子被吃掉了，或錯過很棒的機會，我知道她剛才沒有看到，有時我喜歡讓她反悔一下子。她也讓我這樣做……然後再也不想聽到一個字。

她希望自己理出頭緒，而且在每場棋局中，我發現她看到了更多，下了更好的棋。

她從經驗中學得如此之快，遠遠超越我的速度。她抓住我失去正念的錯誤，有時很寬容，有時則否。她學到看我怎麼下、怎樣干擾我，同時想出給我施加壓力、主導棋局的策略。這是空間智慧的成長，我看到她在成長。理解力被迫要擴展，風險需要觀察和權衡，計畫需要制定，也一遍又一遍改變，以回應不斷變化的棋盤。戰略和戰術是必然發展出來。

每場遊戲都有無限的可能性，把局面慢慢縮小到一個必然歸宿，就是我們得到的結果。但是我們有時可在心中重演不同的結局，如在個人困境中換個角色來扮演。我們看到所涉及的元素、它們的組合，和自己做出選擇及導引事物的力量。我們觀想並實際探索不同的方法，看到每個方法的後果。各種心理治療都使用角色扮演來理清情緒的困境和度過難關的方式。想像一下，一面下棋，一面學這些，看到其他機會和行動發展，進一步展開體現智慧的生活。

遊戲結束後，睡覺。她要我跟她待在一起。我關上燈，坐在床邊。她一下子就入睡了。我是從呼吸知道的，她呼吸突然加深，然後安靜下來。

在這個年齡，大部分的時間，如果我問：「你可以上床睡覺了嗎？」她會說：「不要！」所以她的邀請對我非常特別，我覺得對她也很特別，可重新審視她常做的舉動。

我與她一起呼吸了幾分鐘，帶上門，悄然離去。

輪到我們下棋子時，有時候，我們不介意去找保溫杯的杯蓋，或在生活中跟它差不多的東西，也有時候，通常很多時候，嗯，我們會介意去找保溫杯的杯蓋，我們不想去拿橘子，或再多伸出一根手指頭。時間太晚，太累，只想孩子快點上床了事，我們不想下棋，或玩任何一種遊戲。

但是，當我們選擇的時候，只是實驗一下，在那一刻給孩子我們最不想給的，並且有求必應，願意與他們一起參與，我們會發現整個世界都對雙方打開了——一個共享的世界。回想起來，那是一個不管多累，多忙，時間多緊迫，我們都絕不想錯過，也預想不到的世界，比什麼事都重要。

我們在這樣的時刻，選擇這樣照顧孩子，並不是當她的僕人（雖然有時候會有這樣的感覺），但更像真正的國王或王后，一個統治者，時間很多，心很寬大。

不過還是面對現實吧。雖然我們是有自主權的父母角色，在某些階段，我們也是僕人，正如明智的國王或王后或任何一個領導者都是領土的真正僕人。在這個意義上，值得做僕人。

這是很棘手的事情。把自己完全給孩子，生命是無限的，正如我們所知，最深層的本性是無限的，這幾乎與社會的常軌相反，幾乎是忌諱談論的。然而，最好把它當做修行的一部分來談、來檢視、來實驗，在棋盤上新走一步，有時是我們從來沒有想過的大膽一步，並學習從它們而來的一切，當世界——我們採取主動時，常常如此——打開，我們便有機會給予。

你是音符，我們是長笛，
我們是山，你是傳來的聲音。
我們是卒和王和車，
你自棋盤出發：我們贏或輸。
我們是旗子上的獅子飄滾。
你無形的風帶著我們穿越世界。

——魯米（羅勃・布萊〔Robert Bly〕譯）

分支點

你有沒有停下來想過，如果不是深不可測、微小、看似隨機的事件奇妙地匯合一處，影響了生活，給我們重大的潛在機會和限制，你的生命會如何不同？如果十二月的一天，我（喬）決定早或晚五分鐘去吃午飯，如果麥菈不是遇見一位朋友，在一個特定的地方談了一會兒話，十之八九，我們絕不會碰面，不會有孩子，過現在的生活。這指向生命本身的珍貴和神祕，值得深思。

如果事情不像原來那樣展現，無疑會有其他事情發生，我們現在會有另一個截然不同的生活。我也會完全不同。現在這樣的我，多半是因爲我們之間的關係，和我們彼此的愛。

生活或許是總體的，但愛與美是個別的。世界不斷召喚我們禮讚這些個別性，就在我們眞正歸屬的地方，就在最感自在的地方。它要求我們要禮讚孩子，生活是我們要過的，如果我們全心活著，並認識到它的質地、形象和聲音，使生活中這些親密、始終存在的每一面向，不僅僅限於跟照片簿一起儲存起來的記憶。我們當下的現狀是眞正的幸福，它們每天出現，它們的細節不啻奇蹟。

這一個觀察結果不斷提醒我，以無比的崇敬和尊重，保有每一刻虛擬的「孕育」，也提醒我，它的潛力永遠很大，雖然我們在下一刻到達以前，都不能知道、不能預見下一刻，雖然在大多數情況下，這麼多的時刻猛一看只有單調和乏味，每一天似乎跟明天沒什麼不同。我們很容易忽略每一刻都包含整個宇宙那麼巨大，充滿了驚喜和從未料到的可能性，也忘記了我們可以看它一路展開，受到召喚參與它的展開。年幼的孩子是這神奇世界的原住民，這裡的一切都是新鮮和可能的。

把每個時刻都看成一個潛在的分支點，就能看到生活的展開。如果我們希望未來的生活有所不同——我們經常以極大的熱情這樣希望，無論是與孩子有更好的關係，還是在生活中創造新的東西——我們能採取行動使它實現的唯一時刻，就是當下。當下不就是未來嗎？今天不是昨天的未來嗎？它已經在這裡了。現在此時就擁有了，就在此地。

這樣觀察當下之後，我們會問自己，當下滋味如何？處在此地的現實中，自在嗎？在這一刻，或生命的任一刻，我們眞的知道、感覺到我們的所在，我們如何走到了此地和此時？

要知道這些，唯一方法就是把眼睛睜大，所有的感官都要覺知。即使如此，知道並不見得就是知道，而是知道我們不知道，但堅持繼續問問題，因爲問題很有趣，我們很好奇；無論此時的生活如何，它們正在此時展開。確實如此。

我們知道，每一刻都自前一刻展現，多少給前者著了色。「當下」有它自己的動能，行動總有後果，如果我們希望學到什麼東西，或成長，或表達自己的感受，或提高未來生活的品質，這確實是我們影響生命源源不斷的行動和後果之流的唯一機會。如果我們負起責任照顧**此時**的品質和可能性，無論跟孩子在一起還是獨自一人，下一刻就會受到這種覺知的影響而有所不同。

因此，正念可提供前一刻都沒有過的機會，因爲心看到不同的風景了。這些機會一直存在，就是潛力，但經常需要我們全心全意的參與，才能實現。所以，只要洗碗的時間到了，就帶著正念洗，全心在當下，如此將開啓下一個可能性。萬事萬物皆如此。

難度在於，我們是否眞的能跟孩子同在，充分體現我們該過的生活，就在此地，就在此時，就是現在……和現在、現在、現在。每一刻，日日夜夜都是一個嶄新的開始。

卷九
黑暗與光明

父母從痛苦的經驗中學到，很多事情是自己無法控制的，而且不管怎麼做，都無從保證結果。懷著正念做父母的功課之一，是面對自己的期望和局限性，並盡可能處理好每一種情況，卻不強求一定的成果。

無常

七月清晨在緬因州北部，我（喬）划著獨木舟去看麋鹿，家人仍在湖邊小屋酣睡。我觀察划槳在止水上形成的漩渦，一個在划槳外緣，另一個在內緣，向相反方向旋轉，獨木舟向前移動時，它們便遺落身後了。那只是水的運動，由於暫時分開的漩渦而造成獨特的形式。我回頭看，還想跟它們連繫，但它們很快就不見了。運動的能量傳回了湖中，其他漩渦隨著划動而出現，每個都是獨特的，十分迷人。從虛空中，由於湖泊和我的划槳配合提供了特定的條件，短暫地出現了一個形狀。

對我來說，這些漩渦跟我今晨出來找、卻沒有找到的麋鹿一樣迷人，在某些方面，沒有太大的不同。生物也是短暫以看似獨立的實體——我們稱為身體——出現，在天光下舞動一回，很快就不見了。生命因為某些因緣條件而呈現獨特的形態，很快就會消失，然後在其他地方出現，呈現新的形態。我們知道死亡，但在看特定的麋鹿或個人，多少總覺得是永久的，消失反而讓人吃驚，我們充滿恐懼或悲傷，有時甚至是恐怖。然而，我們知道，消失和到來都是萬事萬物眞實面目的一部分。萬事萬物都是無常、短暫的，但要等到它在我們面前了，我們才看見。

幾個星期後，我見到一位五十歲的朋友而想起這段沉思，他是淋巴癌晚期，面色蒼白，身體瘦弱，家人和朋友圍繞身邊，他幾乎只剩骨架，令人震驚，我們沒有見過肌肉和肌腱這樣外露的。雖然疼痛和腹瀉，還有恐懼和藥物的副作用折磨著他，他仍然能夠喚出精力，來參加聚會，躺在沙發上，彈著吉他，嘆爲觀止的藝術修養，美從琴絃流迸到我們心上。他的妻子和十一歲的女兒，充滿生命力，坐在他身旁。

這強烈的景象震懾了我。孩子見到從來沒有見過的事情，不美麗，但令人肅然起敬，也太不平凡。我們這些朋友很難爲他做什麼事，除了讓他舒服些並尊敬他仍擁有的生命。

這個過程無法停下來，我們甚至很難指出它是什麼，強烈的衝動讓人想要轉身走開，當他瘦瘦的指尖挑著琴絃，臉上因努力而扭動，還是快樂？他似乎浮乘在這短暫超越時間的瞬間之上，我感覺他向我們展示，與我們分享他仍有的力量，和他在生活中已經知道、耳朵已經聽到的美。

我最近遇到一位女士，她兒子在大學最後一年走了，夜間行駛在沙漠中衝出道路而撞毀，也許他睡著了，她永遠不會知道。怎樣的解釋才足以釋懷呢？一個生命在最璀璨時消失，這位女士的生活結構缺了口，生養的孩子，所有連接的線，突然逝於無形。如何承受呢？如何接受那無法承受的？然而，這本來就是爲人父母無法逃躲的一部分。

也許我們能做的最好的事是，感覺生命和當下都稍縱即逝，並安住其中，盡可能完全擁抱孩子，爲他們的生命而喜悅，同時感覺死亡的確定性，生命生起又消逝。呼吸也生起又消逝，它提醒我們，我們的每一刻、我們的朋友、天氣和念頭都是。我們能夠懷著正念乘著生命的浪頭，讓生命流過我們嗎？我們能夠尊重那些形塑我們脆弱的人性，並賦予它驚人力量和智慧、超出我們所知的奧祕嗎？

愛的界限
不對稱的熱情
之後和之前
四個部分
暗暗編織了起來。
真相
可能性生起了，
又埋藏了。
看不見的銀河系和
徒勞的失落，

我們不耐煩的心不想看
未知，那又精緻又難以捉摸
的地方。

萊恩·喬·羅賓遜
一九九五年十月

這首詩是十六歲的萊恩死前幾個星期寫的。他在朋友家舉辦派對時，意外死於槍傷。男孩們在父母的臥室找到了一把手槍（俄製，跟美製的不同），以爲沒上膛，槍的安全裝置是可以扣扳機，然後擊發的。男孩們已經拿掉子彈匣，多次向壁爐「乾發」，安全裝置一定是在萊恩拿到槍以前不小心關掉了。沒有人想到彈匣裡還有一顆子彈。他父親參加過我指導的正念禪修營，寄來一封信：

萊恩剛轉到一所新的、規模更大的高中。第一天上學，他堅持穿以前朋友為他做的T恤，前面寫著：「嗨，我叫萊恩。」後面寫著：「我是新來的，對我好些。」我在廚房裡，他衝出門，又遲到了，然後又焦急地跑回來。「我的披風在哪裡？我忘了我的披風。」我說：「別，別穿披風。你為什麼不先看看，了解一下情況？」他小心翼翼地回答說：「這是你認為我應該這樣做，還是你會這樣做？」嗯，這個問題的答案是很明顯的。他能真正看到人心裡怎麼想——也許沒用言語表達，然後說出真相。有時候，這種能力會讓人感到直接對峙，即使很真誠。

萊恩在十六歲生日後不久去世，永遠撕裂了我們溫馨的小家。結果是生命分成兩截，以前是理所當然，其後每一天都非常痛苦，我頭兩個月所經歷的悲痛遠遠大於我以前對活著的感謝。活著，太痛苦。

在那寒冷的十月夜晚，我很大一部分跟著萊恩死去了。過去四個月來，我像在監獄服刑，必須忍受，沒有生活可言。事故發生後許多星期，穿過心中的念頭和影像簡直無法無天，我的每時每刻都給毀了。我想觀察它們，注意它們，與它們一起呼吸，但無望。我每一轉身就想起他，好像有一千匹野馬亂竄失控……。

很感謝我修行了正念。它成了路線圖，引導我走過崎嶇、痛苦又未知的地帶。有趣的是，我過去相信我的念頭就是我。現在，我的念頭是我有什麼，不是我這個人。我的生活似乎成為包含了我所有念頭和情緒的脈絡。一整天，有些念頭和情緒像最野的牝馬，無拘無束地奔馳，一發不可收拾，我任牠們擺佈。然而，大多數我都可以觀察、感受並放下，回到呼吸，可以抓住馬鞍，爬上去，不會在一根繩子尾端被拖著走，自稱「受害者」和「自憐自艾」，為此我非常感謝。

白天，我觀察到各種念頭，「我撐不下去了……我活得沒有意思，我是失敗的父母。」禪坐時，我觀察這些和其他的想法，耐心地回到呼吸；忘了呼吸，再回來；跟著念頭跑開了，回來；發現不耐煩了，回來。我現在可以看到，念頭和情緒之下，悲哀和空虛之下和我所有的悲傷之下，還有別的東西，這是我對我非常思念的美好年輕人的無條件的愛。

也許，從這場悲劇中我學到最重要的一課是，意外發生前，我跟時間的關係是傲慢。如今我學到，要告訴別人你愛他們，因為「明天」不過是心中的一個概念。

埋藏悲傷的河流

我（喬）曾和七百個各種年齡的男人共處一個房間，每個人因爲沒處理好的父子關係而流下淚水。之前，他們花了時間一起說了些話，也聽了些話，大多數人都沒有意識到自己承載了那麼多悲傷，幾乎從沒說給別人聽。

我一直屬於一個由幾百位醫療專業人士組成的團體，在密集的正念訓練過程中，每個人都傾倒出童年的巨大悲傷。在禪修中，我們讓這悲傷的情感表達和相關的故事講出來，完全靜默地專注一段時間，沒有任何反應或評論。人們很難了解，給深沉和不愉悅的情緒一些空間，就像跟隨呼吸一樣，都是正念的一部分。

一條悲傷的河流確實流過我們，我們不見得看到那水道，所以可能不知道它存在。但是，當我們看到它穿越別人的心，它從來就不如我們想的那麼遠，那麼陌生。無論看見或看不見，它都會把人生旅途著色，包括我們的性格、專業的選擇和如何做父母。

我相信，這條河流過所有人，帶著深刻、也許是原型感情，我們很少接觸它，甚至不知道它存在。只要我們與自己的悲傷失聯，看到別人悲傷時，都會覺得尷尬和陌生。我們很容易爲他們感到不自在，或冷漠，還有一點點評斷，像是：「爲什麼他們把這種事看成這麼大不了的？」「是那麼久以前的事嗎？」「他們不是已經接受心理治療了嗎？」「我當然沒這個問題。」

我們多少都防衛著最深層的感情。如果不是這樣防衛，就不會還一直攜帶著它們。正念的眞實內涵是，對發生的任何事情，在正發生的時候保持開放性、平等心、同理心和同情心，這是對自己、對他人都保持耐心，不會因爲不自在而跳開，馬上去做別的事。

在這些連上悲傷的難得時刻，當我們的感情出於某種原因在這一刻浮出表面，情況會突然大大不同。於是，整個世界都在痛苦，整個宇宙都被個人的悲傷著色，遠遠超出個人的範圍。

如果我們做孩子時，父母更善良、更體恤一點，也許我們長大成人時就不會揹著這麼多埋藏起來的悲傷。每個人都有獨特的、痛苦的過去經驗和我們對它們的反應，有些埋掉了，有些出土了。

這需要多年內在和外在的努力，癒合各種失落，也癒合童年缺乏的認可和尊重和缺乏關愛。有時只是明白種種經驗和自己受到怎樣對待的最深感受，都需要好多年。許多人的許多傷害其實是來自：父母竭力做到最好，卻被手頭的資源和他們的世界和世界觀的框架給套牢了。他們受到自己正面和負面經驗所形塑，被父母傳遞給他們的經驗所形塑，就像我們一樣。每個家庭都是獨特的愛、羞恥、內疚、自責、抑制、彼此需要的混合體；若再加上缺乏自覺，這些情緒爲害最烈。

一位女士告訴我，母親去世時，她還很小，有好幾個年幼的手足，父親一直不肯在家中提到母親，而是把她埋起來，好像她從來沒存在過。每個孩子都被迫關進上了鎖的情感櫃子裡。父親認爲不糾纏於過去，繼續向前比較好，創傷較小。但其實對家庭造成巨大的傷害。

我們知道這就是無明（佛法所稱，無知於事物的眞實面目），往往是痛苦的根源。無明會導致父母不了解孩子。家庭裡，這種無明可以跟許多正面的成就和表面上的和諧與愛並存。

缺乏自覺的悲傷深入心靈，蒙上一層陰影，在記憶暗處移動。雖然表面明亮，其實在地下開展自己的生命。事實上，表面越亮，情緒陰影就拖得越長，顏色越深。

羅勃・布萊在《人類陰影小書》（*The Little Book on the Human Shadow*）中，用一個意象來描述埋葬的情緒動態，我們從早年獲得無形的包袱，在成長過程中，逐漸把東西塞進去，譬如想被自己重視的圈子所理解和接納、卻覺得不討喜的部分，這可能持續終身，過著表裡不一的生活。

可能是我們還是嬰幼兒時就接收到訊息，知道什麼讓父母高興，什麼不能，什麼是「可以接受」的想法、感覺和行爲，什麼不是。後來面對學校的同儕和老師，以及外面的世界中繼續如此。久而久之，包袱越來越大，越來越重，塞進去的自己越來越多：憤怒、衝動、自發性、柔軟、力量，甚至智慧，有時會拚命努力被人喜愛或爲人接受或器重，或削足適履成爲我們相信自己必須表現出來——禁欲者、烈士、智者——的一定框架。包袱裡很黑暗，因爲我們不願讓光線照進去，看看自己心裡到底有些什麼。

如果我們假裝肩膀上沒有這個包袱，爲時三、四十年都不打開它，還塞進更多的東西，裡頭的陰影都是自己確實而重要，又不願接受的部分，因爲不承認不表達，便會潰爛，逐漸產生毒素。它們留著不走，影響我們的生活軌跡，重大到我們可能都不知道，有時只在夢中、生活磨損或突然瓦解時才映見。我們不想注視的內心世界往往外顯在臉上。內在反映外在，外在也反映內在。我們必須在覺知和接納上都結合內在和外在，使兩方再次合作，才有和諧。

也許現在是時候了，來一次徹底教育自己仍揹著的負擔，自覺地、每時每刻地、持續地接受生命，傾聽我們的影子和埋藏悲傷的地下河，與它們說話，竭盡所能以無條件的接納和慈愛來擁抱它們。這無異於做自己的父母，眞正的長大成人。

如果我們能這樣「做自己的父母」，也許也許，孩子努力以眞實面目被我們接納時，我們的視野就會更清晰，能夠眞正看到並接受他們，而不是希望他們長成我們想要的面目。

敲響那還會響的鐘
忘掉你那完美的貢品
萬事萬物都有裂縫
光線才透得進來

——李歐納・柯恩（Leonard Cohen），〈讚歌〉（Anthem）

命懸一線

孩子無病無痛時，做父母都已經夠難了，更別說他們痛時，我們的心也會痛，有時感覺自己好像命懸一線。

孩子打架、發脾氣、「我很無聊！」、長牙、小題大作、生病、睡不著的夜裡、長長的冬日、陰暗的下雨天，我們情緒低落、疲倦、試著滿足不同的需求、平衡、在工作和家庭和一百件事情之間擠出時間、討價還價、再想個創意點子或缺乏創意的點子的一天，甚至晚餐……一天下來，我（麥菈）筋疲力盡，憤怒，而且極度受限，我的世界變得太小，有一股強烈的衝動，要到外面跑跑，透透氣，找些距離、找些空間。

要是天氣壞到不能從事戶外活動，表示會有很長一段時間關在家裡，那時我會對自己這個人類的極限特別敏銳，以及我從未學到、因此不能教給孩子的技能。

我也很清楚我們文化的限制，好像唯一的選擇就是各種消費，無論購物或外食或看電影，所以經常覺得空虛，毫無生氣。哪裡有不分年齡、人人共享的舞蹈和音樂、講故事、聊天談話的空間呢？

有人說，孩子是靠整個村子養大的。但現代社會的村子在哪裡？大家庭、社區中心、支持團體、跨代友誼和信仰團體等重要的老村遺跡雖仍可見，但父母還是覺得孤立和孤獨，尤其是單親父母，他們無法分享每日的奮鬥，聽到不同的看法，或有一個同病相憐的人——雖然從另一個制高點來看，伴侶有時也不見得相互支持，反而更多事。即使有朋友或支持自己的伴侶，最艱難的時候通常發生在只有我們自己的時候。身爲父母是孤獨的工作。

我們需要社區充實個人的資源和必然有限的技能，當自己的資源窮盡了，社區有各種背景和才能的人來提供支援、衆多想法、熱情和生活經驗。父母必須提供家庭的基石，但不可能一切靠自己。

當孩子進入青少年時期
父母需要另一種貼心，和他們有點遠又不完全失聯

隨著孩子進入青少年時期，各種複雜性和問題相繼出現，我們困惑、灰心，有時候甚至絕望。我們感到青少年子女要掙脫我們，離我們越來越遠，越來越多同儕的影響，有時可能出現自我毀滅的行爲。我們也明白，當他們進入外面的世界，我們正在失去他們。我們看到他們的脆弱，卻因爲不能保護他們而痛苦，有時則對他們表現、或不表現自己而憤怒。

這時原來照顧幼兒本能的、自然的、運用身體的方式不再適用了，身體的疲憊讓位給精神和情緒的疲憊，部分原因是當青少年子女掙扎著要自主性、連接、愛和意義時，我們也不斷調整父母這個角色。

青少年子女以令人目瞪口呆、意想不到、甚至艱難的方式成長並經歷蛻變，我們也需要成長並改變。當他們獨立，比較不需要我們了，我們對他們關注的事視爲一切如常的例行公事，他們會感到很表面、不滿意和失聯，需要更多獨處的時間、更多的距離空間，需要我們有另一種貼心方式。我們好像與他們無關，同時又不會跟他們完全無關。

當他們憤怒、批判、封閉自己，而我們又從自己憤怒和憂慮的面紗看出去時，很難看出他們仍然需要我們。但即使我們感到被邊緣化、困惑、沮喪和絕望，仍需要強大的意向和決心，才能不在他們面前消失，不與他們完全失聯。

無可避免，有時青少年覺得生活令人不滿意、內心最需要的沒有得到滿足，他們不滿並質疑：「生命是什麼？意義在哪裡？還有沒有比這更多的東西？哪裡適合我？」他們可能喜怒無常、性格孤僻，或是變得我們從來想像不到的疏遠，或是用敵意、憤怒的行爲推開我們。是的，我們看到他們痛苦，可是很難伸出援手。

當他們感到疏離和孤獨，需要感覺我們仍然與他們同在，以他們允許的方式同在。

我們可以看到他們彷彿隔著一條鴻溝注視我們。伸出援手可能很難，我們感覺無力。他們在不經意間讓我們看到自己的脆弱、疑慮和恐懼，這些往往埋藏在內心深處，掩護得好好的，從日常檢視中不易看出。

當孩子質疑感受、人們、甚至是自己的眞實性時，我們要在心中找個眞誠、簡單、眞實之處，用幾分鐘的時間向內專注，把注意力轉移到呼吸、身體和感受。在這樣的時刻，我們不見得感覺跟孩子連結或接近，但可以懷著同情心與他們同在，伸出手去接他們拿給我們的線，不管有多細。

合適的話，我們也會伸出一些線，無論多短暫、多細微。也許只是傾聽，確認他們遇到的困難或痛苦或不確定。或者，可能用更戲劇化的，讓他們跟自己請一天假，或一個週末，或一個星期。選擇他們喜歡做的事，盡可能找一些時間在一起，這會提醒他們，忙碌單調的日常例行事務仍有深刻內涵，要安住其中。即使陷入危機，走出日常生活也有同樣的作用，可幫助我們重新與孩子連結。

有時候，當年齡較大的孩子覺得卡住了、局限、對生活不滿意，我們可能要採取一些適當且必要的行動，尤其是感覺他們所作所爲有危險或自毀傾向。他們需要知道我們關心他們，需要我們跟他們一起解決問題，甚至幫忙拿個主張，找個法子，使生活更有意義。

青少年往往有自己對事情核心的清晰洞察。但也有時候，他們知道有什麼不對勁了，卻不知道問題出在哪，這時，他們會需要我們從自己生活經驗採集而來的智慧，解決面前的問題。孩子和我們都需要很長的時間來了解世界是如何運作的（但我們可曾完全「了解」了嗎？），以及如何使事情奏效。

如果我們被視爲問題的一部分，即使做開心靈改變行爲，我們可能、也可能無法幫助他們改變生命。有時，只要接受他們處於困難時期，就可以使他們從感覺孤立到感覺連結，從感覺被評斷到感覺被關愛。當他們感到父母關心他們，懷著愛意接受他們，便可將困難放到更有意義的脈絡中來審視。

孩子表現於外的不是一切
要從最大的脈絡來看發生了什麼事，找到意義

很多次，我們的孩子似乎「退化」到更年幼的年齡。朋友的十六歲兒子跟家人有感情隔閡，差不多時間又生了病，他的父母大可以視他突然生病是純生理的，跟他的情緒狀態或他和家庭正在經歷的困難無關。然而他們反而把他的病放在較大的脈絡來看，重新審視兒子的生活和家庭裡生理和情緒的壓力。他們利用這段生病和康復的時間，進行更廣泛的療癒，接受他需要「退化」到待在家裡：放慢，轉向內在一段時間，吃特別有療癒力量的食物，重新與家人連結，而且認識到這麼做對他、他和家人關係的恢復和轉

化都大有好處。

退化是一個有強烈負面內涵的字詞，常暗示著失調，一個人行爲與年齡不符，倒退到比較「嬰幼兒」階段。孩子有一段時間的確是需要有人關愛、讀故事、唱歌給他聽，先向內才能再次向外。若孩子需要這樣的時間來滋養他們正在努力成長的部分，我們應該用仁慈和接納、不加評斷來回應，如此才能幫助他們繼續前進，蛻去舊皮。這是我們給他們眞正的禮物。

能夠給出這種時間並不容易，甚至不可能。但是請記住，孩子外在呈現的並不是一切。也許，有了這樣的反思，我們便可以相信某種內在轉變會展開，竭盡所能懷著慈愛，給予空間。久而久之就會理解孩子在掙扎什麼。

當一個孩子不開心，失去平衡，也許退化，是很難跟他相處的，如果我們又把麻煩的行爲看成是衝著個人來並封閉自己，穿上盔甲，卡在自己的恐懼和受傷的感受中，那麼，和孩子之間的牆就會越來越厚，越來越高。這時候，最好用整體的眼睛來看待，也就是在可能的最廣大脈絡下，觀看發生之事，帶著檢視的意向，完全活在當下，並用距離和同情兩者並存的、看似矛盾的框架來審視。當危機過去了，放下我們感到的傷害、怨恨、憤怒，就有可能跟孩子進入眞正的新時刻。

一天末了，我（麥菈）感覺無休止的批評和負面事情迎面而來，女兒當時十歲，依偎著我，很眞誠地告訴我她愛我。這股流動的、能卸下憤怒的奇妙能力，隨著孩子年齡的增長而改變。他們需要我們藉自己的行爲來提醒他們：我們的確有可能知道一直存在的問題，同時，每一刻都願意重新開始。

最終，我們的想法不是最重要的，反而是在父母共有的斷腸時刻、質疑一切的時刻，所融入的眞誠和所體現的關懷才要緊。用禪宗修行的語言，就是「艱苦卓絕的修行」[1]。

你不必很好。
你不必用膝蓋走路，
穿越沙漠走一百多公里，喘著氣。
你只要讓體內柔軟的動物愛它所愛的。
告訴我絕望，你的，然後我會告訴你，我的。
同時，世界繼續運轉。
同時，太陽和如透明鵝卵石的雨，
穿越大地景觀，
越過草原和樹叢，

1：hard training，崇山禪師所言，指長期、住宿、密集時程的正式禪修訓練，並將修行應用在日常生活各方面。

山和河，
同時，野雁，在淨藍的天空，
又飛回家了。
不管你是誰，不管你多麼孤獨，
世界給你想像力，
要你像野雁，粗獷又激昂，
一遍又一遍，宣布你的一席之地，
在萬事萬物中。

——瑪麗．奧利佛（Mary Oliver），〈野雁〉
摘自《夢想書》（*Dream Work*）

失控

父母都會失控，好脾氣不見了，失魂落魄，失去平衡、明確的路、尊嚴、自我尊重，不管是什麼引發了它，都很痛苦。

通常在我們筋疲力竭、超越極限的時候，就會失控。我們會生起強烈挫折感，可能無法及時認出來；或者，只是不知道如何換檔，甚至根本不在乎了；有時失控是透過尖叫和大吼或很沒風度的話表現出來，有時候甚至會猛摑孩子一記耳光。事情一發生，我們感到糟透了——跟自己生氣，爲孩子悲哀，突然，置身惡夢之中。

我（麥菈）帶女兒上床睡覺，她一直很難入睡，都八歲了，還是個夜貓子，可以永遠醒著。我十點以後最不支了，不能正常反應，沒有耐心。她在睡前對各種事情特別敏感，常常想喝點什麼，不想單獨一人，希望燈亮著，因爲夜燈不夠亮。

睡覺時間到了，我坐著陪她一段時間。當我看到——在這特殊的夜晚眞的看到，今夜會拖得很長，我太累了，熬不了夜，於是對她說：「今晚睡到我的床上來。」於是她來了。我說：「你必須多穿一件上衣，這是規則，因爲我不想幫你蓋被，好讓你不會感冒！」她知道這一點，反對歸反對，終究還是穿上了，接著開始小題大作，又踢床又捶床。我幫她拿來另一件更柔軟、更舒適的上衣。可是她更加憤怒，罵人，說她希望燈亮著，我想要關燈，一場意志之戰開打，我怕她吵醒姊姊，又覺得陷入圈套，受到控制，感到很無助，事情正朝著某個特定的方向發展，我似乎改變不了。

然後，我聽到姊姊朝我們大喊：安靜點！她被吵醒了，我更加生氣，大喊回去，叫她安靜點。她繼續弄出聲音、捶床、大鬧，我沮喪、氣憤又無奈，摑了她一巴掌，她哭了，尖叫得更大聲。姊姊又叫她安靜，我對自己掌摑她覺得很難過。她大叫，說我虐待孩子，要打電話給警察。我癱瘓在羞愧和悔恨中，置身在一個大惡夢裡。經過約二十分鐘的尖叫和哭泣，我肯定鄰居全聽到了，她說要爸爸，但爸爸不在家。最後，她開始抽泣，說：「媽咪。」

我給她冰和毛巾，跟她坐在一起，哭在一起，告訴她我剛剛很糟糕，又告訴她，我傷害了她眞的很傷心。一個小時後，她在我的床上睡著了，依偎著我。我躺在那裡，很清醒，難過極了。這是怎樣的上床睡覺時間哪！

每個孩子都不同。有些孩子，每天晚上都要抵制上床睡覺的過渡時間，早上過渡到清醒狀態也一樣難。有些孩子，一個睡前故事或一首安靜的歌曲就夠了。有時，不管我們怎麼做，似乎都走向災難。那天晚上，哄女兒睡覺，一開始在壁爐旁邊講故事，然後坐在她床上畫圖——開始很棒，結束卻是兩敗俱傷。

後來我自問，能有什麼不同的做法？有時，答案非常明確，但在這種情況下，我毫無頭緒。如果我不要求她穿恤衫就能避免這場衝突，但也許她還會有其他事唱反調。有時，這些夜裡的風暴不可避免，就是要上演。但是，一定要這樣嗎？有沒有法子使她不那麼困難就能睡著呢？我可以如何處理憤怒和無奈，不把事情變得更糟？我什麼時候應放下堅持？什麼時候又太不堅持了？我能否轉變事情發展的方向？有時候，我們需要從更廣大的觀點來看看發生了什麼事，也許我倆需要的夜間睡覺儀式很不相同，如果從很小開始，就會更加一貫而且簡單。

在風暴中間，如果我停下片刻，把覺知融入呼吸，意識到我無須在那個當下解決問題。這樣做，或許就能避免用失控的憤怒來反應，讓情況惡化。

我們必須表示出悔恨自己的行爲，關注孩子的感受，而非不去認識、不去檢視發生了什麼事，才能療癒並學到一課。對我來說，這是承認發生了什麼可怕的事，而不是貶低它，或責怪她。次日，風平浪靜之後，我們就能談談昨夜的事，感覺如何。根據孩子的年齡，我們可以盡力幫助他們看到自己的責任，並跟他們一起制定策略，尋找更有效的方式來表達心情，以及在困難的情況下他們有什麼選擇。

這個事件後，我和女兒商定了一個訊號，讓對方知道有大不了的事要發生了，如此一來，我們便有機會改變路徑。我們希望，每一次發生類似事件，都能學到一些東西，減少下一次發生的機率。

失控和傷害會帶來可怕後果。然而，如果我們不怕承認並接受它的發生，不拒絕或貶低，甚至可以因而學習和成長。若是一味責怪自己和孩子，或只是希望事情會有所不同，都沒有好處。像這樣的時刻，正念提供一個過程，讓我們注意到自己什麼時候就要失控了，刻意停下來，盡可能扎根在身體和呼吸之中，希望能想出更富有想像力的方式，用更大的智慧和開放的心來回應。

沒有保證

父母從痛苦的經驗中學到，很多事情是自己無法控制的，而且不管怎麼做，都無從保證結果。懷著正念做父母的功課之一，是面對自己的期望和局限，並盡可能處理好每一種情況，卻不強求一定的成果。

從懷孕、孩子誕生的那一刻起，在接下來的幾年中，影響每個孩子的人生軌跡和發展都有無數的因素。有些我們知道，有些不知道；有些很直接，有些很深奧很神祕。我們把所有「正確的事」都做了，後來才發現，其實並不那麼「正確」，當它發生的時候，我們只能依靠直覺、常識、覺知、訊息，最重要的是，我們的愛。就算我們盡了最大的努力去滿足孩子的需求，還是要認識到，有很多事影響他們，我們不一定可以掌握或預防。

最明顯的例子是悲慘事故，會永遠改變孩子，而且家庭掙扎著調整生活以滿足孩子的需求；或是孩子死亡，給生者留下巨大的空洞。

孩子暴露在各種環境毒素中，也會有損健康。這種危險的新訊息不時報導出來，有時是彼此矛盾的，常常讓人不知如何是好。

酗酒、吸煙、藥物、石棉、鉛、氡、農藥和許多化學物質已證實對人體健康有不利的影響，對兒童的影響尤其大。

父母必須一方面承認並接受自己知識有限也無法全面保護孩子，另一方面又要取得相當的知識，盡力保護孩子，在兩者之間取得平衡。

要留意孩子接觸到的環境，無論是在懷孕期間、在家裡或外面的世界，都需要精力和注意力。我們可能感到焦慮和害怕，因為力不從心，情勢嚴峻。有時即使要找出什麼是已知的，權衡每個家庭成員的風險，也很難。

有時候環境的危害就在我們的家園，在我們眼睛之前，如石棉從加熱管崩解，或含鉛油漆剝離。有時候，鼻子提醒我們要注意危險，如甲醛或其他揮發性有機化合物，包括新地毯排放出來的氣味。有些是感官檢測不到的，如水中的鉛和各種化學元素。環境的危害，如水井的化學污染，食品上的殘留農藥，學校的室內空氣品質，可能需要我們組織團體遊說，大聲直言，為孩子保持或恢復環境安全。

我們要讓孩子在感情上覺得安全，而孩子身處的環境安全，也是為人父母的責任。

父母無法控制、又必須處理的因素，還有孩子天生獨特的生理和情緒特質。例如，所有父母都知道每個孩子天生都有獨一無二的特質，隨著時間展現且改變。其中之一我們稱爲性格。德國的哲學家和教育家魯道夫・史丹勒[1]提出四類性格特徵：膽汁型（choleric）：火熱、精力充沛、擅長運動、熱情奔放、意志力強；憂鬱型（melancholic）：向內、孤獨、悲觀、敏感、喜歡陰雨天和悲傷故事；血液型（sanguine）：隨和、健忘、善變的、擅交際、愛夢想；以及黏液型（phlegmatic）：好吃、好舒適、內心專注、謹慎、細心、縝密。

每個人都混合了不同性格，在不同的時間，有些特別顯著。易怒、苛求、激烈的嬰兒，也許會成長爲更樂觀的人格特質，但也可能有憂鬱的傾向。樂觀的寶寶則可能成長爲意志堅強、脾氣火爆的青少年。

性格特徵使孩子獨一無二，也使父母非常艱難。若加上不自覺的期待或自己的性格，做父母就更困難了。運動神經發達、成績優異的父母可能很難理解比較冷漠、喜歡蜷縮在零食和書本中的孩子。口齒伶俐、很會講話的父母面對一個深度用感覺、非語言、藝術性的孩子，會有失落感。要覺知孩子和自己的特質，才能幫助我們更理解、更能接受，而且更深入處理情況。

若寶寶出生後，很容易餵奶，擅跟人交往，我們因此有了期望；不料第二個寶寶對

1：Rudolf Steiner，1861-1925，奧地利社會哲學家，創立人智學（anthroposophy），帶有充滿靈智的世界觀，用人的本性、心靈感覺和獨立於感官的純思維與理論解釋生活。影響所及不僅止於較爲人知的華德福教育，同時在藝術（優律思美、人智學建築）、醫學（人智學醫學）和農業（生機互動農業），甚至金融業都有痕跡。

吃奶沒興趣，難以交流聯繫，或有絞痛或過敏。要不，老大隨和、靈活，老二卻在每個過渡期都有困難，催迫父母幾近極限。或者，先來一個井然有序的學生和熱心的讀者，接著是一個效率不高、閱讀困難的孩子。

有些孩子似乎在各方面都比別人困難。他們出生時可能有狀況，或後來出現問題，或者走到令人擔憂的路上，充滿危險或自我毀滅。認眞負責做父母，並不意味著孩子的生命就一帆風順。但想像一下，要是他們出生在另一個家庭，不看他們眞實面目，或父母沒有伸出援手並懷著正念處理眞正情況，或因爲他們有不同、獨特、困難的一面，父母就忽視、拒絕、蒙羞，那他們的生活會如何不同！

懷著正念做父母要求我們奉獻很多，這是深刻的內心和外在功課，我們的覺知必須涵蓋整體。我們這麼做是爲了孩子，同時了解沒有任何件事保證一定奏效。

迷路

但丁（Dante）在《神曲》（*Divine Comedy*）開宗明義就對我們內心深處說了話：「我走到人生旅程的中途／置身於一片幽暗的森林／正確的路徑無跡可循。」換句話說，迷路了。要知道我們真的在哪裡，他的詩告訴我們的寓意至少是，我們必須先下降，轉入地下，進入黑暗的地獄，然後才能升天。

我們覺得迷路時，也許在黑暗、或絕望、或困惑的時期：「我怎麼到這裡來了？」「我在哪裡？」「我現在到底在什麼地方？」只要我們開始注意，就不再迷路。我們只是在我們所在的地方。我們所在的地方始終是最好開始之處。

也許，我們一直在迷路，我們多多少少不是完全清醒的，重要的是，我們多願意真的停留在所在的地方，無論是黑暗還是光明，完全安住此地。只有這樣，我們才會知道，該前進時，腳要踏在哪裡。

大衛・瓦格納（David Wagoner）根據美洲原住民傳統寫了一首詩，抓住了這個精神。

這是年輕孩子問「在森林裡迷路怎麼辦？」時，長輩可能會說的話。

停下不動。前方的樹木和身邊的灌木叢
沒有迷路。你身在的地方，就稱為此地，
你必須把它當做強而有力的陌生人，
請求讓你認識它，並且被認識。
森林會呼吸。聽著，它回答了，
我在你身邊造了這樣的地方，
如果你離開了，可以再回來，此地如是說。

烏鴉看來，沒有兩棵樹相同。
鷦鷯看來，沒有兩根枝條相同。
如果你不清楚樹或灌木做的事，
那你肯定迷路了。停下不動，森林知道
你在哪裡。你必須讓它找到你。

詩人提醒我們，我們的生命依靠著對特殊細節的敏感度，如果我們不清楚森林或樹木做的事或孩子的模樣，那可以肯定，我們眞的深深地迷了路。這召喚是要我們專注，認識我們所在的地方、眼前和周圍、**此地**、**此時**。我們能學著停下不動嗎？我們能聽到生命和世界的森林在呼吸，召喚我們停一下，醒覺，感受萬事萬物的相互聯繫，認識到沒有兩個時刻是完全相同的嗎？我們可以這樣聆聽孩子嗎？

這是把正念融入父母之道的挑戰，尤其是在最黑暗的時刻，也在我們感受到悵然若失、迷失、失落的時刻。我們能否停在那裡、在那時，其實就是在此地，在此時，又專注地感知最基本的東西，並跟從它的引導呢？

為時未晚

我們多少都是這個時代的產物。做父母的抉擇，受到時代及其價值觀的影響，也受到身邊的人、自己的父母、朋友，當然，還有專家的影響。我們傾向於採信權威言論，不去看社會背景，無論是父母養育我們的方式，還是小兒科醫生的善意建議。瓶餵非常普遍的時代，就很不容易在一個缺乏支持、指導和榜樣的環境中親餵孩子；或者，我們可能成長於一個不會擁抱的家庭，個人感受是不被接受的；或者總是夾帶著條件和期望，我們可能會把那樣的生活方式帶到養育子女的模式中，依賴著熟悉、舒適的感覺，沒想太多，要不就是無法鼓起意志和勇氣脫離當時的潮流。

有時候，我們可能對做父母並不完全自在，直覺會告訴我們並不自在而且渴望做點別的什麼，但我們可能不覺得還有選擇、有另一條路。我們的感受、本能、直覺可能都被埋葬了，如今下半生都會在遺憾、悲傷、失落或痛苦中度過。

一位有成年孩子的母親寄給我們一封信，是她在遇見我們幾年前寫的：

我生第一個孩子的時候，自己也還很孩子氣。二十三歲是希望去歐洲玩，或快要進入研究所，或同一個星期內和不只一個人約會。二十三歲是不想要換尿布、消毒玻璃奶瓶，或把棉布墊在大腿上，但那是六〇年代初，一個不錯的二十歲猶太女孩就是嫁個不錯的猶太男孩，直到生個孫子……。

那是六〇年代初，我開始陣痛時，丈夫就把我送到醫院。醫生說他會打電話到我家告訴他……不用擔心，睡一下，「再見吧，親愛的。」他說。我坐在輪椅上，護士推著我，她看看我的瘦小身材：「你為什麼來醫院？」我說：「生孩子。」「孩子在哪裡呀？」她要求看看我的肚子，這是六〇年代初，體重增加越少越好，可我比正常體重多了六公斤。這是六〇年代初，要隱藏突出的部分……顯示出來就像開花，絕對不行。

我被推到待產室，那是六〇年代初，我沒有意識了……無意識開始了，有人給我注射，無痛分娩。在產房，我什麼都沒感覺，什麼都看不見，唯一的記憶是有人搖我手臂，我隱約聽到：「你生了個男孩。」那是六〇年代初，兒子出生了好多小時後，我才看到他。那是六〇年代初，醫院不允許母嬰同室。父親只能在探望時段來。餵母乳不流行，奶粉才當道……雇用四週護士幫忙正當道……跟寶寶連結……唉，甚至沒什麼人認真談到連結。

我和丈夫就算當了父母，自己都還是孩子，都沒有處理過更深層的問題，護士工作了四個星期之後離開，我開始哭，真是沉重的打擊。我二十三歲就被綁住了，每一天環繞著餵奶、換尿布、洗澡、睡覺，我聽到一些建議，剛好時機成熟……「不要寵壞他……不要抱他……讓他哭。我們就是這樣把你養大的，聽我們的話……我們知道怎樣才對。他一哭就抱他，是最糟糕的事情……哦，你可以看看他是不是需要換尿布或餵奶，如果他不需要這些，就讓他哭，哭到睡著。」

我聽他們的……我想當好媽媽，不寵壞孩子，所以我餵配方奶粉、換尿布、洗澡，聽到哭聲就讓他哭。

寵壞一詞是沉重的打擊，我記起了不愉快的回憶，有人說我被父母寵壞了……。

「你應該感謝你已有的……我們為你做的……其他孩子都沒有跟你一樣好的……我們寵壞了你……。」

我注視我的寶貝兒子……不要，我不要對他的哭鬧投降。

那是六〇年代初，住在家裡的管家正當道，加入鄉村俱樂部正當道，打室內網球聯賽也正當道。以上的我都沒做，但我也沒能滿足兒子最需要的親密接觸。直到快二十五年後，我才學到什麼叫連結。

八〇年代初期，我開始注意到婦女在公共場所和安靜的家中親餵孩子。在歐普拉節目（Oprah show）中我學到，想要和需要都沒問題，我開始認識接觸、溫暖和連結，心裡很悲痛，想哭，我渴望再次回到兒子的襁褓時光，抱他，親吻他的眼淚，我渴望擁抱他，講悄悄話哄他睡覺……但再也沒有第二次機會了。

這是九〇年代……兒子已長大成人，對我來說，感覺痛苦和感受正當道。

療癒和成年子女的關係

永不嫌晚

對失去的感到悲傷，我們在另一個時間如何或沒有如何，都在人類心靈深處。我們渴望療癒孩子和自己的痛苦，讓彼此更接近。我們不得不承認，過去已做的不能撤銷，只能去認識，而且深入認識，去感覺，而且深入感覺，因而便有了一絲嶄新的可能性和希望，這或許是由認識和接納而產生的轉化。新的可能性只有在當下和此時才能存在。只要承認我們造成的苦惱、悲傷和痛苦，便能塑造這些可能性，內心才會生起的新東西，這需要脫落舊的東西，不管它多麼頑強地依附我們，或我們多麼頑強地依附它。

成年子女可能受到我們過去的無知的傷害，無論多無辜或多能理解，或由於不注意，或忙碌，或忽略、保留、評斷或謾罵，試著療癒跟成年子女的關係，永不嫌遲。即使他們不信任我們，或對我們過去的態度或行動、忽視不理或請人代勞而感到憤怒，覺得受害，但是，努力創造健康的新連結，永不嫌晚。

療癒這些傷口的一個方法是，對自己做過的有害或疏忽的事表達出遺憾和覺知，或透過信函，或親自與成年子女溝通。先用信函溝通可能比較敏感，尤其是孩子已經覺得我們侵入界限，或沒考慮界限。真要有所影響，由衷的序曲必須是我們先伸出手，把孩子的福祉放第一，雖然很難，內心仍要接受我們可能已造成不可彌補的損害，沒有和解的可能。我們的立場必須超越僅是尋求同情、理解、安慰、感情，也須超越希望被赦免罪疚。當這些感受出現，我們會辨識出來，即使孩子已經成年，仍須注意：「怎樣做對孩子最好？」

要把正念融入與成年子女的關係，應該知道我們的假設和期望可能會限制或不尊重他們。同樣重要的是，也要對他們正面臨的需求和壓力，更具同理心、更有認識。

這並不是說，在與成年子女的互動中，不能發抒我們的感受或表達需求。有事困擾時，我們可以看到自己的不自在，立刻就討論，而不是讓情緒累積。當我們有求於他們，要記住，他們是成年人，大可以說「不要」，大可以表達自己的感受。

我們注視已長大的孩子，好像我們第一次注視他們，是一個新生命。任何一刻，甚至在電話裡，都是一個置身當下、建立信任、與他們同頻、敏感、具同理心、接納並尊重他們自主性的新機會。

如果有時又陷入熟悉的舊有模式，發現自己批判，或刻薄，或評斷，或要求，或保留，或出現任何負面念頭，我們可以花一點時間，看看發生了什麼事情。我們可以承認自己做了什麼，從中汲取教訓，爲行爲道歉。然後……重新開始。

西方醫學源自希波克拉底（Hippocrates），以不傷害爲首要原則。也許我們需要共同確認爲人父母的希波克拉底誓言：不傷害是第一要務。這本身就是修行。

正念是活出我們該活出的生命，只能發生在讓眞實本性有空間出現時，也就是我們最深刻、最優秀的自我。生而爲奇蹟的生命，如果沒有適當的培育，天賦會窒息，因缺乏氧氣而被扼殺。我們眞實本性中的氧氣在寂靜、專注、仁慈、自主權和社區人群當中。帶著正念做父母所面臨的挑戰是，設法滋養孩子和自己，眞誠追尋，英雄旅程是一個人活在覺知中，跨越整個生命，長成我們眞實的樣子，爲對方、爲自己，也爲世界。

尾聲
日常生活的正念修行

帶著正念做父母，最好從一開始就確定某些原則，準備好的時候，便開始與此地、此時共處。將正念引入生活，永遠不會太遲，而且自覺地下決心這樣時，就是開始的最好時刻。

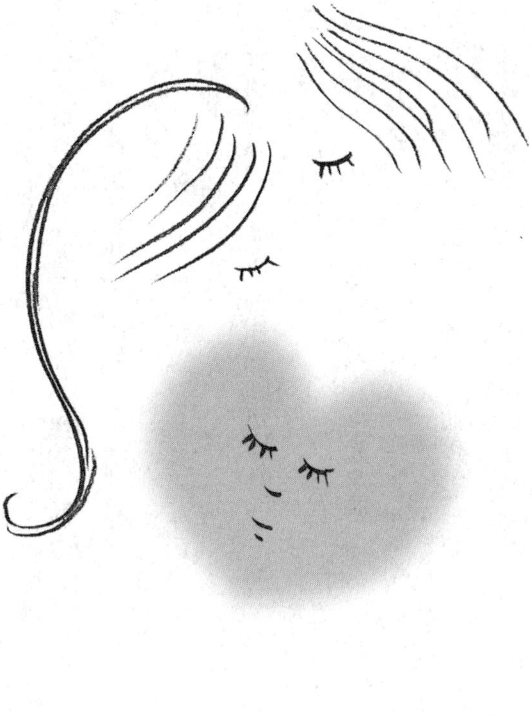

順道拜訪當下

只要你願意，或者想到時，便可以在當下順道拜訪自己，不管正發生什麼事。你能靜止一會兒，攝入內心和外界正在開展的現象嗎？幾秒鐘都無妨，吸氣一次，呼氣一次。你可以延展到幾次呼吸，如果願意，還可以更久。

這就是把覺知融入呼吸進出身體的感受，而不是想著呼吸。

也可以實驗一下擴大覺知，把身體是一個整體之感包羅進來，包括身體在呼吸……注意身體上顯著的感受……身體有無緊張或緊繃……。

實驗一下，不斷擴大覺知領域，包括可能生起的念頭……認識並接受它們是念頭、是覺知領域中的活動，像雲朵形成，在天空中來了又去了。

同時也注意此時出現的心情或情緒，無論是愉悅、不愉悅或中性……並接納它們……鋪上「歡迎光臨的踏腳墊」，盡可能不評斷。如果有情緒的話，你覺得是在身體的哪一部位？

盡你所能，每時每刻溫柔安住在覺知當中……。

只要你注意到被思考還是其他什麼分了心，只是注意心裡有什麼，不管它是什麼，覺知它，然後，溫柔地把注意力重新帶回此刻呼吸和身體的感受。

和孩子同在的覺知

在一天裡，選擇一個時間跟孩子在一起，刻意注意有什麼現象。可以是早上喚醒他們，或準備上學時，或他們從學校回家的過渡時間，或上床睡覺時，或更換尿布或哺乳時，或任何時候。你也可以實驗一下運用所有的感官充分體驗孩子的這一刻。

最重要的是，只是體驗跟孩子在一起的這一刻，全心臨在當下，下一刻甚至不必有任何事情發生……只有這永恆時刻的眞實面目。

如果你迷失在念頭裡，我們都會，還是可以返回呼吸和「身體爲一整體」的覺受，扎根當下，把注意力帶回到孩子。如果你注意到心跑到哪件事上去了，或分了神，或一直想著其他事，只要注意心到哪裡去了，再溫柔地把它帶回當下。如果你願意，盡量經常練習。

練習接納

特別注意「評斷的心」生起時的內心景觀——心喜歡執著想法和意見、非黑即白式思考、抓住喜歡的和推開不喜歡的衝動。每當你發現心在判斷，只需要觀察念頭的內容，溫柔地把注意力拉回呼吸，回到當下，回到它的豐盛，回到事情發生的那一刻，回到孩子，回到伴侶，回到工作，回到一切。

請記住，正念可以簡單描述爲：當我們刻意注意時在當下生起的覺知，而且是沒有評斷的。這並不是說你沒有判斷，你當然有，而且很多！每個人都有。但就是這一次，不評斷，相反地，我們決心竭盡所能地把它們當成只是念頭而已，不過往往伴隨著各種強烈的情緒，就像在天空中飄動的雲，來來去去，有時徘徊逗留，但此時不需要對抗、奮鬥或評斷。

實驗一下，每一天選個時間，刻意接受事情的眞實面目（孩子、自己、在那一刻發生了的事），開始培養更廣泛的接納——努力放下我們想要事情有所不同或有所改觀的想法，努力把開放的生命融入「接納」的時刻。

對孩子的自動反應 vs. 回應

孩子做了或說了什麼你不喜歡的，你又自動反應了，這時，要特別注意發生了什麼事。自動和慣性反應包含一系列的念頭和感受，從輕微的煩躁和不耐，到被強烈憤怒、沮喪、恐懼等情緒所劫持。

在這種時候，覺知身體和呼吸，還可以對念頭和感受著了色的那一刻，產生好奇、開放、「熱情」的專注力。你會看到生起的現象，實驗一下跟生起的念頭和感受一同呼吸，不抓住，不推走，也不多想，僅僅用慈心，把它們融入覺知。雖然這在充滿強烈情緒的時刻，非常困難，但假以時日，這種修行會引生出新的洞見和機會。

即使有強烈的衝動，也不要立即去修補或變更情況，你可在那一刻從孩子的觀點來看，他或她的感受和需求是什麼？他或她需要你的是什麼？

接受了那時刻的情緒強度之後，你能看到有什麼方法會使自動反應少些，同時更適切、更能建立信任感嗎？

如果你很迷惘、很困惑，不知如何回應困難的時刻，那就考慮**不要做**任何事情——至少暫時別做。

如果你發現自己被情緒牽著走，無法改變，可以在發作之後花一些時間反思發生了什麼事。你既然是父母了，一定有很多機會練習打破慣性模式。

帶著正念做父母的七種意向

我們設下的意向——引導行動的目標，提醒我們什麼才是重要的。當我們形成意向，打算做一些事情，那意向又會告訴我們如何選擇和行動，我們就更能看出生活中重要的事，更能綜觀全局。意向是藍圖，爲我們的努力賦予形狀和方向，評估我們的努力。因此，無論是什麼時候，我們必須決定什麼才是最重要，然後在事情一路發展時，在心中保持那架構。

帶著正念做父母，最好從一開始就確定某些原則，準備好的時候，便開始與此地和此時共處，訂立我們可肯定、應用，而且切合實際的意向。將正念引入生活，永遠不會太遲，而且自覺地下決心這樣時，就是開始的最好時刻。

在此提供一些有助益的意向。當然，最重要的是，創造你自己的意向。

第一意向：我會把爲人父母看成心靈訓練，體驗人我關係的方法，使我有機會培養自我覺知、智慧和開放的心。藉著持續的培養，我才會知道，而且體現自己內心最深刻、最優秀的部分，跟孩子和世界一起表現出來。

第二意向：我要將創意的天份融入正念的父母之道。

第三意向：我將運用身體和呼吸，扎根於當下，在日常生活中更具正念和洞察力，尤其是對孩子。

第四意向：我將盡一切努力看清楚孩子的眞實面目，並記得在每個年齡層接受他們的眞實面目，不讓自己的期望和恐懼蒙蔽了雙眼。我將完全活出生命，努力看見並接受自己的眞實面目，這樣我才能同樣接受孩子，幫助他們成長，充分發揮潛力做獨一無二的自己。

第五意向：我會盡我所能從孩子的觀點來看事情，了解孩子的需求，竭盡全力滿足他們，包括記得他們需要親自學習或動手做。

第六意向：我將善用在自己和孩子生活中任何生起的現象，包括最黑暗、最困難的，成長爲一個好好的人，以期更了解孩子，以及我這個父母需要做什麼。

第七意向：我將這些意向收攝在心，決心盡我所能，每一天，以適當的方式付諸實踐，尊重孩子和自己的自主權。

帶著正念做父母的十二項練習

練習1：從孩子觀點來想像這個世界，刻意放下自己的觀點，每天至少花些時間這樣做，提醒自己：孩子是什麼樣的人，他或她怎樣感受世界。

練習2：想像一下，從孩子觀點來看，你看起來、聽起來是什麼樣子，也就是說，孩子此時有你這樣的父母，會怎樣改變你在空間中運用身體、你如何說話、說些什麼？此時你希望跟孩子有怎樣的關係？

練習3：練習看待孩子的眞實面目本已完美，看看你可否時刻都對他們的自主權抱持正念，懷著慈愛接納他們，尤其是在你最難做到的時候。記住，這和你是否喜歡或贊同他們的行爲無關。

練習4：留意你對孩子的期望，想想這些期望是不是眞的對孩子最好，這是一個持續的過程，你要不斷質疑自己的假設，也要看看有沒有遺漏什麼。覺知如何傳達這些期望給孩子，你的期望又如何影響小孩。建立堅定而合適的界限時，要確定前後一貫，而且跟你所理解的孩子的需要一致。

練習5：練習無私的愛，意思是無私地關注他人的幸福。孩子小時候，把他們的需要放在你自己之上，等他們長大了一些，無私的愛就是給他們責任和自主能力去滿足自己的需要；你也許沒有想到，孩子的需要和自己的需要很多地方都重疊，如果你很有想像力而且很有耐心。記住，知道自己的需要，並適切地和孩子溝通交流，都是帶著正念做父母很重要的一部分。

練習6：當你感覺迷失或失落，站著不動，如大衛・瓦格納的詩：「森林會呼吸……聽它在說什麼……森林知道你在哪裡……讓它找到你……」觀想整體，把所有的注意力都放在現前的情況、孩子、你自己、家庭，這樣做之後，你會超越思考，甚至超越周密的思考，而用整個生命——身體、心智和心靈——本能地直觀，眞的需要做什麼，如果還不太清楚，最好什麼也別做，清楚之後再採取行動。

練習7：努力體現靜默的無所作爲、生命自處。當你開展出更大的自我覺知，內心更自在之際，這種方式便從長期的禪修和日常正念修行自然流露出來。

練習8：學著和緊繃同在，卻不失去平衡，練習這樣進入每一刻，無論多麼困難，都不想改變任何事情，也不期待會發生特定的結果，僅僅是把你的全部覺知和置身當下融入此時，練習看任何生起的事物都是「可處理的」，如果你願意面對生起的現象，盡力信任你的直覺和本能。孩子幼小時，需要你做平衡和信任的中心、一個可靠的里程碑，他們在自己的生命景觀中才能弄清楚方位。

練習9：當你辜負了孩子的信任，就向他們道歉。道歉很有療癒效果，顯示你看到了一個情況，而且越看越清楚，也許更能從孩子的觀點來看。但是小心不要太常「對不起」，經常這樣說就失去了意義；要不就是把懊悔變成一種習慣，這樣對自己的行爲也是不負責任的。偶爾咀嚼某些懊悔，是個重要的修行。

練習10：在心裡保有每個孩子的形象，希望他一切安好。

練習11：許多時候，我們需要練習對孩子清楚、堅強、明確，這些都應從覺知、開放的心、洞察力而來，而不是從恐懼、自以爲是或控制欲而來。

練習12：你能給孩子最好的禮物，就是你自己。意思你做父母的部分努力就是要在自我認識和覺知上有所成長，我們必須扎根在當下，跟孩子分享我們內心最深刻、最美好的，這是終身的修行。找時間用令你心安的方式來安靜觀想，只有現在、此刻，要盡可能運用它，爲孩子，也爲自己。

心靈工坊 PsyGarden
Holistic 083

正念父母心，享受每天的幸福

Everyday Blessings: the inner work of mindful parenting

作者—麥菈、喬・卡巴金（Myla and Jon Kabat-Zinn）
譯者—雷叔雲

出版者—心靈工坊文化事業股份有限公司
發行人—王浩威　總編輯—徐嘉俊
執行編輯—周旻君　封面設計—秦宗慧
通訊地址—10684 台北市大安區信義路四段 53 巷 8 號 2 樓
郵政劃撥—19546215　戶名—心靈工坊文化事業股份有限公司
電話—02）2702-9186　傳真—02）2702-9286
Email—service@psygarden.com.tw　網址—www.psygarden.com.tw

排版—龍虎電腦排版股份有限公司
製版・印刷—彩峰造藝印象股份有限公司
總經銷—大和書報圖書股份有限公司
電話—02）8990-2588　傳真—02）2990-1658
通訊地址—241 新北市新莊區五工五路 2 號（五股工業區）
初版一刷—2013 年 5 月　初版五刷—2023 年 9 月
ISBN—978-986-6112-71-3
定價—380 元

國家圖書館出版品預行編目資料

正念父母心，享受每天的幸福 / 麥菈、喬・卡巴金（Myla and Jon Kabat-Zinn）作；
雷叔雲譯. -- 初版. -- 台北市：心靈工坊文化，2013.5
面；公分. --（Holistic 083）

ISBN 978-986-6112-71-3（平裝）

1.親職教育　2.親子關係

528.2　102006608